Noriko AKIYAMA

秋山訓子

クラウドファンディングで社会をつくる

CROWDFUNDING

人はなぜ寄付するのか?

現代書館

目次

クラウドファンディング
で
社会をつくる

人はなぜ寄付するのか？

序章

闇夜の中の希望

序　章

２０２０年は、新型コロナウイルスが世界中に広がった年として人類史上に記憶されるだろう。人々は感染の恐怖にさらされ、国内外で自由に行き来ができなくなり、経済活動は停滞した。

しかし、そんなときでも、というかそんなときだからこそ、人々の助け合いがさかんになる。暗くて憂鬱なことが続く中でも世の中捨てたものではないと思わされ、闇夜の中にあって明日への希望を持つことができた。

たとえば、クラウドファンディング（クラファン）である。

ネットを通じて、資金が必要な人とそれを支援したい人をつなぐサービスだ。最近では、新製品の開発やマーケティングのためにクラファンを使う例が目立つが、社会貢献型もある。寄付型といいかえてもよいかもしれない。社会に良いこと、社会課題の解決のためにクラファンを利用してお金を募る。クラファンの会社の中で、

READYFOR は特に社会貢献型のプロジェクトに強みを持つ。２０１１年の創業以来右肩上がりの成長を続けているが、２０２０年は２０１９年に比べて寄付した人が3、4倍に増えた。寄付金額の6割のプロジェクトがコロナ関連だったという。

２０２０年にはコロナ禍に対応するため、同社は公益財団法人東京コミュニティー財団と連携し「新型コロナウイルス感染症：拡大防止活動基金」も設立した。通常、支援者は個々のプロジェクトに寄付するが、これは一括して基金に寄付をする。助成先は公募のうえ専門家に諮問し、助成委員会が決めた。ここに8億7千万円以上が集まった。同社の創業以来２０２１年3月末までに集まった資金額が２００億円余だから、そのボリュームが想像できるだろうか。

２０２１年にはこの基金を継続する形で「新型コロナウイルス感染症：いのちとこころを守るＳＯＳ基金」を実施した。

社会貢献に強みを持つクラファンの会社、GoodMorning は「社会問題に向き合う人のＣＦプラットフォーム」を掲げ、プロジェクトを社会課題の解決に絞っている。もともと CAMPFIRE の一部門で、その後分社化したが、２０２１年秋に再び CAMPFIRE の一部門になった。２０２０年は前年比約２４０％の伸びだった。

一般に、災害が起こると人々の助け合いはさかんになる。１９９５年の阪神淡路大震災は１３０万人もの人々が被災地に駆け付け、「ボランティア元年」と呼ばれた。そして１９９８年のＮＰＯ法成立へとつながった。２０１１年の東日本大震災では緊急支援や復興でＮＰＯの活躍は不可欠なものとなり、企業など他のセクターとの協力もさかんになった。その年にＮＰＯ法は改正となり、寄付税制が大幅に拡充された。

そして、一種の大災害である今回のコロナ禍。クラウドファンディングの飛躍の年、と位置づけたい。日本で一番最初にクラウドファンディングを名乗ったのはREADYFOR、始まったのは東日本大震災直後の２０１１年3月だった。

それから10年。社会課題解決のプラットフォームとしてのクラファンで何が起きているのか。注目すべきプロジェクトは何か。人々はどんなふうにクラファンのプロジェクトをしようと思い立ち、そもそもどうやって始めるのか。寄付を集めるのに方法論はあるのか。寄付する人々はなぜそこに支援するのか。社会貢献型のクラファンプラットフォームはどんな人が立ち上げたのか。

クラファンにまつわる現況と見取り図を提示し、人々の気持ちを動かしてお金を動かし、そして社会を動かしていく様子を見ていきたい。

第1章

1億円達成！

タッグを組んだ「抱樸」と「READYFOR」

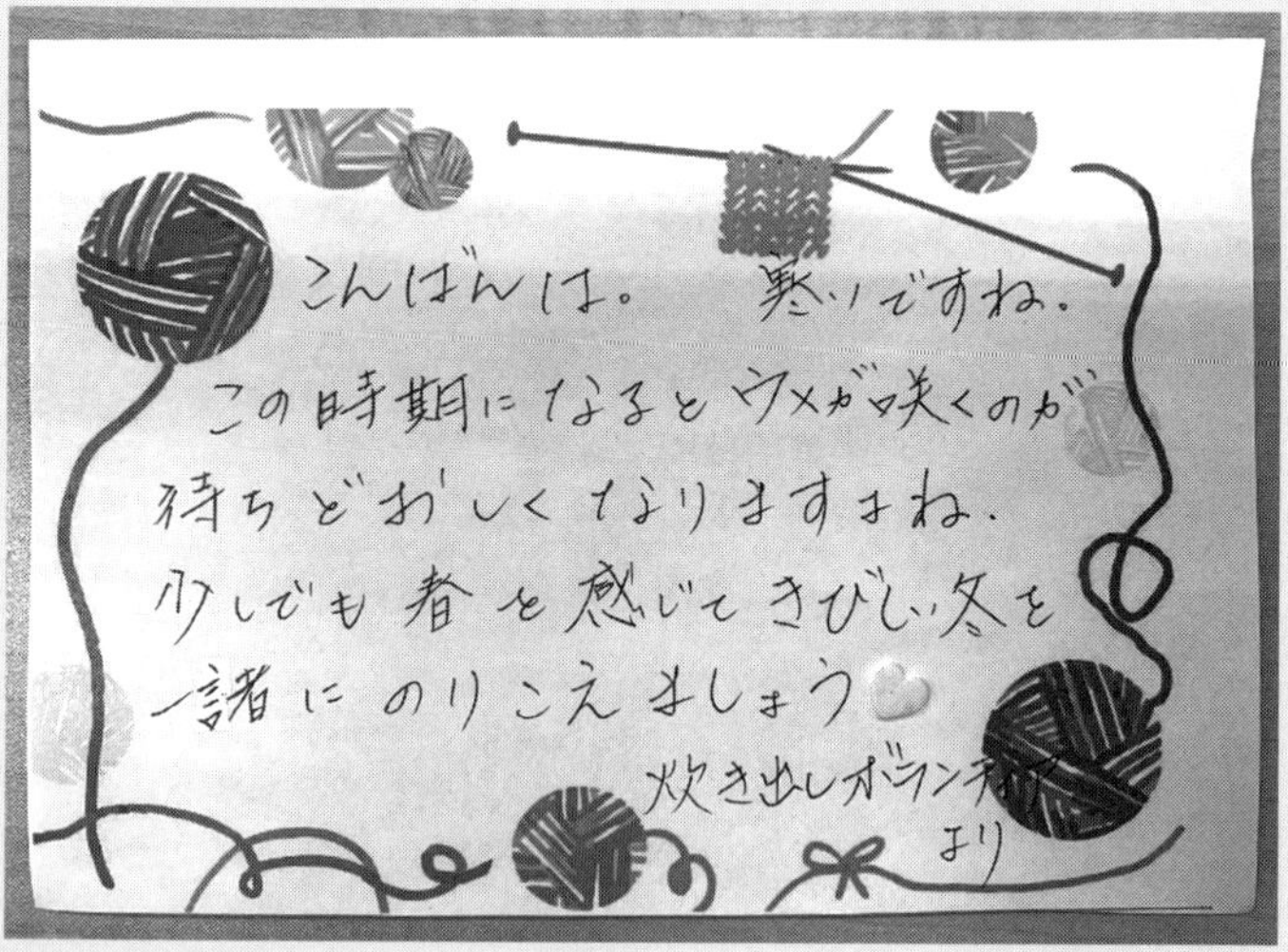
こんばんは。 寒いですね。
この時期になると ウメが咲くのが
待ちどおしくなりますよね。
少しでも 春を感じて きびしい冬を
一諸に のりこえましょう
炊き出しボランティア
より

抱樸のスタッフが路上生活者の人たちに渡す
弁当に添えたメッセージカード

認定NPO法人抱樸提供

みんなで迎えたフィナーレ

２０２０年７月27日夜、渋谷のライブストリーミングスタジオ、ドミューン。北九州市に拠点を置くホームレス支援のＮＰＯ法人「抱樸《ほうぼく》」理事長、奥田知志さんはライブ配信のイベントをしていた。

渋谷といえば若い人たちが集う街。工業地域の一地方都市の北九州で、しかもホームレス支援というとても大切だが地味で地をはうような活動をしている奥田さんには、失礼ながらちょっと不似合いな場所にも思えた。しかしその日、奥田さんは東京のど真ん中の街で高揚感に満ちていた。

抱樸が３カ月前の４月末に始めたクラウドファンディングがいよいよ大団円にさしかかっていたからだ。

テーマは「コロナ関連死をくい止めるため支援付き住宅を提供します」。

「#家から支えよう」を掲げ、相談員の支援付き住宅を全国の団体と協力して提供するプロジェクトだった。お金がなくて住むところがなかったり、なかなか借りられなかったり、という人たちに住まいを提供する活動だ。コロナ禍のなか、仕事がなくなって、住まいまで失う人が続出していた。マスクや、相談事業に必要なタブレットを購入する資金も必要だった。

「誰もが苦しい状況の中、いのちの危機に直面する人たちがいます」

「自由な行動や人との触れ合いが制限され、誰もが不安や寂しさを感じていることと思います。日本経済も、大きなマイナスの影響を受けています」「このような不況のあおりを一番初めに受けるのは、非正規雇用の人や低所得の人など、社会的に弱い立場にいる人たちです。このような人たちからまず、仕事を失い、住まいを失い、人とのつながりを失い、いのちの危機に直面することになります。私たちは、この状況をただ見ていることはできません」

「窮地に追い込まれる人たちを傍観し、「自己責任だ」と切り捨てるようなことがあっては、日本社会はさらに分断してしまいます」

「「今」動くことが必要です」「弱い立場の人が切り捨てられない社会を」「困っている人、助けが必要な人が「助けて」と言える社会を」。

ウエブサイトでは、今が深刻な危機の状況だと訴え、なんとかしなくてはいけない、と熱く訴えた。

クラファンの目標額はどかんと1億円。といっても、住まいを用意するにはお金がかかる。1億円あっても、支援付き住宅で用意できるのはワンルームマンションで100室ほどだ。100室でもなんでも、とにかくこれを少しでも始めることが日本の未来を変えうる一歩になると訴えた。

しかも、ただ1億円集めるだけではない。できるだけ幅広い人々からの支援が必要だと、一万人による1億円……一人1万円支援の計算になる……を掲げた。募集期間は90日間だ。

27日はプロジェクトの最終日で、冒頭のイベントはそれに合わせたライブ配信だった。

実はその前日、7月26日にすでに1億円は達成していた。地元北九州からライブ配信をしている最中だった。1億円を達成した時点で、次の目標を1万人による寄付に切り替えた。その時点で、寄付をしていた支援者は8000人ほどだった。1日で2000人からの寄付なんて可能なのだろうか？

冒頭の27日の話に戻る。19時から始まったライブ配信は、奥田理事長や各地のパートナー団体からのメッセージとスタッフの思いが紹介され、作家の高橋源一郎氏と奥田氏の対談やライブコンサートなどが続いた。

そして10時50分ごろ、ついに1万人を達成！

チャットには「カウントダウン始まった」「あと10人!!!」「10000人達成です!!!!」「やったー!!」などと次々にお祝いメッセージが書き込まれた。

まさにみんなで迎えたフィナーレだった。最終的に、10289人から1億1千580万円ほどが寄せられた。

READYFORでも、数少ない1億円を集めた団体の一つとなった。

抱樸の地道な積み重ねがあってこそ

なぜこんなに巨額のお金が、しかも1万人もの人々から寄せられたのだろうか。

まずは「抱樸」の活動について紹介しよう。

抱樸はキリスト教の牧師である奥田さんが1988年、北九州の路上生活者の人々におにぎりを配り始めたところから始まる。2000年にNPO法人化した。現在も続く路上生活者の人々への炊き出しや相談事業、ワンルームマンションを一棟ごと借り上げて生活困窮者にサブリースし、サロンや食堂、相談員も置く居宅支援事業。さらに子どもの学習支援や障害者のグループホームの運営なども行っている。

マンションには様々な世代の男女が入居し、年配の男性から、小さな子ども連れの若い女性もいる。

貫いているのは「社会的弱者に追い込まれた人々の自立を支援する」姿勢だ。奥田さんは同じような活動をしている支援団体と生活困窮者自立支援全国ネットワークも組織し、その共同代表も務めている。

昨年11月には東京の渋谷区で、バス停で座って寝ていた64歳のホームレスの女性が撲殺された。彼女の所持金は8円。犯人は近くに住む46歳の男性で、「痛い思いをさせれば、いなくなると思った」というのが犯行の理由だった。

そんなふうに、困っている人を目障りな存在と扱い、排除する空気が世の中にある。

抱樸はそういう人たちに手をさしのべている。

今も、路上生活者の人たちに声をかけて回る「夜回り」は日常的に行っている。

「ごめんね、びっくりさせたね」

スタッフの若い女性が夜、閉店した商店街の路上に段ボールをしいて横になっている男性に声をかける。ふだん私たちは彼らの姿に気がつかず、あるいは気がついても気がつかないふりをして、あるいは意識的に避けて通り過ぎている。

「何かあったらすぐ言ってください。無理したらいけんですよ。寒くて眠れないとかきつかったら、いつでも来てくれれば……」

スタッフの女性が、親ほどの年齢にもみえる男性に話しかける。

「困難に挫けないでネ！！」「七転び八起き　今が大事」「心のどこか片隅で「がんばるぞ」という小さな炎を絶やさないで」「どうか今日もあなたが元気でいてくれますように」などと書かれたメッセージカードを添えた弁当を渡す。これはコロナ禍になってから始まったことだ。以前はボランティアの人々が炊き出しに参加して、支援を受ける人々と言葉を交わし、おしゃべりをしていた。しかし、コロナでそれも難しくなったため、「炊き出しお手紙作戦」として、ボランティアでメッセージを書いてもらったのだ。これならば全国どこにいても参加できる。3000通を超すメッセージが寄せられたという。

「ともかく「ひとり」との出会いを大事にしてきました。それとこちらから出かけていくこと。本当に困っている人は「助けて」と言わない。「助けて」と言わない人が一番困っている人です。「なんでもっと早く相談に来ないの」と言う前にこちらから出かけていくことが大事でした。人は、一番しんどい時に来てくれた人のことを忘れないものです。でも、恩着せがましくしない。問題は簡単には解決しません。解決しなくても「つながること」が大事です。抱樸の活動は「ひとりにしない」という支援です」

一言で言えば地味。地をはうような、自己責任の言葉で切り捨てられてしまいそうな活動でもある。それが、1万人もの人々の心を動かし、1万円を出そうという気にさせたところに大きな意味があると思える。

抱樸の財政規模は、2019年度で6億円ほど。うち寄付は約3600万円だ。

2018年度は4億8千万円ほどのうち約3千万円。収入における寄付は一定のボリュームは占めているものの、1億円にはほど遠い。なぜ1億円ものお金を集めようと思い、そしてどうしたら集まったのか。

「私たちはね、寄付に対しては思い入れはとても強いんですよ」

奥田さんは言う。優しく柔和な表情の中にも、確固たる信念を感じさせる。

「NPOというのは新しいものを創造する組織です。NPOの良さは自由で、寄付は自由を担保してくれます。たとえば、社会福祉法人は自治体から補助金がもらえます。その代わりに規制にしばられている。でもNPOは目の前の困っている人との出会いがあって、その人の困っていることを解決する。それをいずれは制度に変えていく。言ってみれば、一人の悲しみや苦しみを制度に変えていくというのかな。決して天下国家を変えるというのとは違うけれども、でもそういう創造的で自由な活動を担保してくれる。それが寄付なんです」

寄付への特別のこだわりがあったわけだ。

「寄付は社会参加の第一歩です。現場現場、と運動家は言うんだけれども、別に現場にこなくったっていい（笑）。寄付はステイホーム、フロムホームでできる社会参加なんです。こんなふうにネットを活用したのは今回が初めてでしたけれどもね。ちょっと前まで、郵便振込用紙を大量に配っていました。そのために自分たちの活動を知ってもらうのはすごく大事で、言葉や表現にもこだわってきたし、だから年2回100ページもの活動報告書を出してきました。息子には「誰が読むの」と言われましたが（笑）」

息子というのは奥田愛基さん。集団的自衛権を認めた安全保障法制の国会審議の時に国会議事堂の周りで反対デモをして世に知られたSEALDsの創設メンバーだ。

「だから情宣にはとても力を入れてきたんです。ですが今回は寄付のプロ集団のREADYFORの人たち、自分の感覚と違う若い人たちとチームを組めた。ものすごい世界観が変わりました」

情宣、すなわち情報宣伝活動だ。

奥田さんは1963年生まれ。学生運動出身だから、そういう用語が飛び出す。READYFORの20代、30代の社員たちには「情宣」と言っても通じないだろう。実際、奥田さんの取材は、READYFORで抱樸を担当してウエブサイトなどを作り、伴走した小谷なみさんと一緒に行ったのだが、奥田さんのとなりで小谷さんは「情宣」と言われてもきょとんとしていた。

奥田さんの口からは数値データがぽんぽん飛び出す。たとえば「２０２０年の10月１カ月で自殺は２１５３人だったんですよ」のように。

抱樸のウエブサイトでも「数字でわかる抱樸」として「抱樸の居住支援を受けて家に住めるようになった人数３６４０人」「ボランティアとして登録している人数１７７５人」など、データが並んでいる。意識してそうしているのだという。こうやってデータを並べられると、だから１億円必要なのだと言われても説得力があり、納得できる。

「世の中全体がエビデンスベースですよね。理念や思いだけでは『そりゃそうだけど……』で止まってしまう。10年前に厚労省の審議会に呼ばれて、『人の命は大事です』と訴えても、やっぱりエビデンスが必要だよね、となって」

しかし１億円である。大金である。

「でも、住宅支援に必要な金額から逆算するとどうしてもそうなってしまう。アパート一棟丸ごと借り上げようとすると、冷蔵庫など最低限の家電を入れる初期費用、スタッフ代……。１億って全然大きくないんですよ」

それだけのお金を集めるためには、当然工夫もしている。何をしたのだろうか。情報発信や更新を怠ってはならないと1週間に2回、活動報告や奥田さんの対談などさまざまな番組をYouTubeで配信した。

「情報発信のツールとして、初めて今回動画を使いました」

奥田さんは言う。炊き出し、夜回り、すでにある支援付き住宅でのサロン……。その気になれば、活動現場に「絵になる」素材はたくさんある。時事的なことも意識して入れるようにした。

要は、今の社会のありように対して疑問を投げかけ、見る人の心をかき立て、考えさせ、何かしなければと思わせる材料を提供したわけである。それをツイッター用に2分20秒で撮って、アップした。

「夜8時から10時にツイッターを見る人が多いとREADYFORの担当者から聞いて。炊き出しの最中にそうだった、と思い出して動画を撮って流したり」

奥田さんのツイッターのフォロアーは2、3千人から1万9千人に増えた。

YouTubeでの対談も週に2回は行った。脳科学者の茂木健一郎氏や元厚労次官の村木厚子氏、批評家の若松英輔氏など、多様な人々が出演した。テーマは「コロナ禍を生きる」。できるだけ幅広い層にクラファンに関心を持ってもらえるよう、「人脈を総動員して、いろいろな人に出てもらいました」（抱樸の担当者）。支援の現場の話から助け合い活動、私たちの生き方、歴史や科学、文化、文明論まで、話は広がり、深まっていった。

「今まではかわいそうな人を助けるという、言ってみれば同情的な寄付が多かったと思うんですよ。でもコロナは全員に関係がある。〝かわいそうなおじさんの話〟から、自分もそうなっていたかもしれない、と。そういう感情を刺激するというか、どう路上のことを社会に普遍化するかを考えました」と奥田さん。

1億円の目標を下げることは考えなかったという。

「ここまで集まれば……とかは絶対に言いませんでした。絶対に1億円が最低でも必要なんです、と言い続けました」

寄付の額は3万円以下が97％を超えていた。みんなが自分のできる範囲で寄付をした。達成の瞬間を動画で見守り、チャットでコメントを寄せた人が多くいたように、みな自分ごととして感じ、お祝いをしたかったわけだ。

READYFOR の担当者だった小谷なみさんは、「もちろん動画はとても効果的でしたが、新しいことをやったというよりも、地道にずっと積み重ねてきた抱樸のコミュニケーションが、アナログからデジタルに変わっただけなんです」という。

たとえば、言葉を大事にして、分厚い報告書をマメに出す。路上の人々に炊き出しをする時にはボランティアの人々が言葉を交わす。それが無理になったらメッセージカードを作って渡す。マスクを寄付してくれた人にも必ずお礼状を出す。そういったていねいなやり取りを一つひとつ積み重ねていく。

それは今回、奥田さんがツイッターでまめに発信をするようになっても変わらなかった。SNSで抱樸やプロジェクトのことを発信してくれている人がいたらそのまま放置するのではなく、きちんとリツイートし、お礼のコメントをしていた。

「そういう昔からやってきたことが、手段がオンラインになっただけなんです。相手ときめ細かくていねいにやり取りをしようという姿勢ややり方は、オンラインだろうとオフラインだろうと大事です。ただ、オンラインになると、それが良くも悪くも、もっともっと見える化されます。隠せなくなるんです」（小谷さん）

オンラインで見える化されることによって、抱樸のように「やっぱりここは信頼できる」と支援が加速することもあれば、逆に「正体見たり」ではないが、「やっているように見えたけれども実はたいしたことなかった」とスローダウンしてしまうこともあるわけだ。

ウエブサイトを訪れた人のうち、どのくらいが寄付をしているのかをREADY-FORは測定している。抱樸の場合は9・6%だった。つまり、ウエブサイトを見た人のほぼ十人に一人が寄付に至っている。この割合は非常に高く、通常の3倍に上った。「ウエブサイトに来てもらえれば、かなりの確率で寄付をしてもらえる」（小谷さん）という状況だった。

1億円というと途方もない金額のような気もするが、逆に金額が大きかったことで「1億円があれば社会を変えられるかもしれない。1億円を抱樸に託せば、抱樸のやり方で政策を、制度を変えてくれるかもしれない」と期待を抱かせ、希望を持てたのかもしれない。

切実な社会の状況が寄付をすることで「自分ごと」となり、自分も社会を変える一助となれる。金額が大きいからこそ、自分も参加できる。自分が参加しなければ成立できないかもしれない。そして、1億円だからこその可能性を感じられたのかもしれない。

抱樸の1億円は奇跡ではなくて、これまでの30年以上の積み重ねがあってこそ実現したものなのだ。

活動の中身ももちろんそうだし、寄付してくれる人に、支援をする対象の人に、あるいは世の中に向けても、とにかく誰に対してもていねいにきめ細かくコミュニケーションを重ねて言葉を大切にして言葉の力を信じてきた。それがオンラインを利用することで、全ての人に可視化された。そしてさらなる信頼と期待を呼び込むことになったのである。

READYFORのプロジェクトの中で、1団体で1億円集まった団体は他にもある。その一つはクラファン開始後なんと21時間で1億円を達成、という驚異的なスピードだった。

2020年4月15日。ミャンマー、カンボジア、ラオスなどで国際医療支援を行うNPO、ジャパンハートが医療機関にマスクを届けようとクラファンを行った。締め切りは翌16日という超短期間のプロジェクトだった。「#マスクを医療従事者に」と呼びかけ、5000万円を目標に掲げた。プロジェクト協力チームに太田雄貴さん、ジェジュンさん、大谷翔平さん、北島康介さん、長友佑都さん、武井壮さんなど有名アスリートや芸能人らが名を連ね、彼らがＳＮＳで協力を呼びかけた。すると爆発的に寄付が集まり、最終的には１日で１億５千万円以上が寄せられた。

こちらは抱樸とは対照的な事例だが、こんなふうにもお金は集まるのである。

第2章

クラウドファンディング概説

相談者が気後れしないよう配慮された
難民支援協会のオフィス

認定NPO法人難民支援協会提供

「寄付型」「購入型」「融資型」

「クラウドファンディング」（以下、クラファン）とは、ネットを利用した不特定多数の人々からの資金調達のことだ。

一口にクラファンといっても幅広い。この本で焦点をあてている寄付型あるいは社会課題解決型、つまり何か物品やサービスのリターンがほしくてそれを購入するというよりも、社会課題の解決が目的で、そこに共感、賛同してお金を出すタイプ……はほんの一部にすぎない。寄付型にもモノの「リターン」がないわけではないが、主眼は社会課題の解決自体であることが多い。地域の夏祭りの開催、子ども食堂の開設、海外での自然災害の救援費用などなど……。「社会課題の解決」というと大仰に聞こえるが、地域のためになること、社会がちょっと良くなること、暮らしやすくなること、「ソーシャルグッド」のためになることだ。

購入者から前払いでお金を集め、それを元手に製品をつくり（あるいはもともとある製品の場合も）、それを購入者に提供する「購入型」のほうが市場規模ははるかに大きい。マーケティングや新商品開発に使われることが多い。

しかし、さらに市場規模が大きいのは、実は「ソーシャルレンディング」とも呼ばれる融資型だ。ソーシャルレンディングは個人から集めた資金を中小企業などに貸し付けて、利息の一部が分配される金融商品だ。同種の商品に、クラファンで集めたお金を不動産に投資するタイプもある。

クラファンの事業者らで作る日本クラウドファンディング協会によれば、融資型と不動産投資型を合わせた市場規模は2018年は1786億円、2019年は1161億円、2020年は1186億円だ。

「購入型」にREADYFORやGoodMorningのような寄付型を合わせた市場規模は、同協会によると2018年が115億円で2019年は169億円、2020年は501億円だ。2020年に成長が急加速していることがわかる。

その一角を占めるREADYFORが2011年の創業以来2021年3月末時点で

集めた総金額が200億円だ。GoodMorning は2016～2021年3月の流通総額が26億円にのぼる。

寄付文化がない、といわれる日本。NPOの資金集めを支援する日本ファンドレイジング協会が2017年に公表した調査によれば、日本の1年間の個人寄付金額は2016年で7700億円程度。米国は30兆円を超す規模で、人口で割ってみても非常に少ない。

しかし、ここでは伸びに注目したい。READYFOR は創業以来右肩上がりだし、特に2020年は2019年に比べて寄付した人が3、4倍に増えた。GoodMorning も、2020年実績は前年比約240%で、同様に成長を続けている。しかも、READYFOR の寄付者の65%が44歳以下、GoodMorning も約半数が30～40代というように、若い世代が積極的に寄付をしていることも興味深い。

そのほかに、社会貢献として行っている Yahoo! ネット募金がある。募金の名が示す通り、完全な寄付型だ。2004年、Yahoo! JAPAN の月間ページビューが100億を超え、同年に中越地震が起きたこともあって、同社の社会貢献事業として始めた。

手数料は5％とクラファンのプラットフォーム会社に比べれば格安となっている。社会貢献として行っていることもあり、ここでネット募金ができるのは、登録してある団体のみだ（数は非公表）。現在新規の募集は行っていない（将来的には増やす予定という）。Yahoo!ネット募金も、2020年1月〜11月は、前年に比べて約2倍の13億9千万円が集まったという。

アメリカのクラファンプラットフォームFundlyによれば、2019年の世界全体のクラファンの調達額は340億ドル（約3兆7113億円）。うち北米地域が172億ドル（約1兆8775億円）、アジアが105・4億ドル（1兆1505億円）と多くを占めている。

ちなみにクラファンに限らず、コロナ禍で一般の寄付も増えていて、たとえば世界的に知られるNGO「国境なき医師団」では昨年（2020年）、コロナに特化した寄付を集め、日本で27・1億円が集まったという。これは「国境なき医師団」の世界35の事務局の合計額1億2164万ユーロ（約157億9174万円）の18・3％を占める。日本は米国に次いで第2位の寄付額だった。その他の通常の寄付も増えており、昨年の寄付総額は130・5億円。前年に比べて20・2％増で、過去最高だったという。

ジャストギビング

日本で最初に「クラウドファンディング」を名乗ったのはREADYFORだ。だが実はその1年前に、クラウドファンディング的なウエブサイト、しかもNPOなど社会貢献に絞って寄付を集めるというプロジェクトが始まっていた。「ジャストギビング」だ。

ジャストギビングは2000年にイギリスで始まった。その日本版を始めたのだった。仕組みがちょっと面白くて、お金を必要とする人や組織が直接集めるのではなかった。この団体を応援したい、そのために何か挑戦をする、という人がいて、その人の呼びかけに応じて寄付をする、というものだった。

たとえば、野球解説者の古田敦也氏は「トライアスロン完走」に挑戦、巨人の藤井秀悟投手（当時）は「シーズン10勝」を掲げた。それぞれが寄付先のNPOを指定していた。後にノーベル賞を受賞した山中伸弥・京大iPS細胞研究所長が京都マラソン完走というチャレンジを掲げて、ｉＰＳ細胞研究基金への寄付を募ったこともあった。

これを仕掛けたのは、佐藤大吾さんだ。１９７３年生まれの佐藤さんは大阪大学在学中から営利、非営利さまざまな起業をしてきた。たとえば98年に始めた政治家やＮＰＯなどにインターンを派遣する「ドットジェイピー」はこれまでに３万５０００人を超える学生が参加し、そのうち議員になった人も１５０人以上いるという。現在でも営利非営利の組織で役員や顧問として活躍しながら、大学で起業論も教えている。

佐藤さんは「日本に寄付文化を広げたかった」と振り返る。寄付の先進国である米国や英国に何度も出かけては日本で普及できるようなモデルがないか探した。

「当時世界で最大の寄付サイトがジャストギビングだったんです。自分のためでなく、人のために寄付を集める、というのが日本人に向いていると思いました」

ジャストギビングは一般財団法人で、手数料は15％だった。

大きく飛躍したのは翌２０１１年の東日本大震災の時だった。１年間で10億円ほどが集まったという。２０１５年には英国ジャストギビングの傘下から離れ、株式会社化して「ジャパンギビング」として再スタートした。その後、事業譲渡をするなどして佐藤さんは経営から離れ、ジャパンギビングとしてのブランドも終了した。だが、先駆けとして現在のクラファンでは当たり前となっているインフラを構築した功績は大きい。

「私たちは、クレジットカードでネット寄付の決済ができるようにしたんです。これは交渉が本当に大変でした。しかし私たちが壁を突破したことで、その後のクラファンはじめNPOなどのネット寄付集めがとても簡単になったと思います」

確かに、今やネット寄付でのクレジット決済は当たり前になっている。

「それから、クラファンでは寄付の返礼品もあるかと思いますが、この返礼品を認めて欲しいと内閣府に交渉に行きました。これも対価性が激しくないもの、という制限付きで認めてもらいました。さらに寄付先として指定するNPOはネット上で財務報告書を載せるのを条件としました」

まさに「寄付文化を広める」ための土台作りがなされたのである。クラファンが広まる環境が作られたのだった。

プラットフォームの利用法

クラファンの話に戻ろう。資金を調達したい、クラファンを始めようと思ったらどうすればいいのか。

第5章でもふれるが、プラットフォームを利用する場合の大まかな流れはこんな感じだ。各社のウエブサイトを見比べるなどして自分のプロジェクトがどの社に合っているかなどを検討してどこにするかを決めて連絡をとる。目標額を決めて審査や相談をした後にウエブサイトを作成、文言やデザイン、写真、動画などをつくりこみ、ウエブサイトが公開される。それを見た人たちが支援を申し込む。

資金の受け取り方には二つ、オールインとオールオアナッシングがある。オールインの場合は目標額を達成したかどうかにかかわらず寄せられた支援額が、オールオアナッシングの場合は目標額が達成された場合のみ、プロジェクトの実施者に提供される。オールインではプロジェクトの実施が確約されるわけだし、オールオアナッシングだとプロジェクト実施者の意気込みや覚悟が示される。集まった支援額からプラットフォームの会社の取り分として手数料が引かれて実施者に渡される。

実施者はそのお金をもとにプロジェクトを実施し、その状況を適宜ウエブサイトで報告する。リターンがある場合は支援者に提供する――。

READYFORの場合、以前はすべてオールオアナッシングだった。オールインを始めたのはごく最近で、2019年のことだ。8、9割はオールオアナッシングだという。一方GoodMorningは逆で、約9割がオールインだという。

READYFORは2種類の手数料を用意している。「シンプルプラン」の12%（決済手数料込）と「フルサポートプラン」の17%（同）だ。シンプルプランはメールによるサポート、フルサポートは「キュレーター」と呼ばれる担当者が伴走支援をする。以前はフルサポートのみで、2018年からシンプルプランが登場した。プロジェクトを実施したい人の増加やクラウドファンディングを実施したことがある人が増えたため、「一人でも多くの人が実施できるように」とシンプルプランをつくったのだという。

現在、フルサポートとシンプルを選ぶ人の割合はほぼ半々だという。目標金額が110万円以下の場合は最低手数料として22万円、という内規になっている。

一方、GoodMorningは14％だった手数料を、2021年の1月から9％に引き下げた。決済手数料込みだ。「社会問題に向き合う人の負担を少しでも減らしたい」という。ただこちらは、支援をする人から1回につき220円のシステム利用料を引く。

この本では社会貢献型に焦点をあてているが、典型的な新製品開発型のクラファンも参考までに一つ紹介しよう。

寺尾彩加さんは、生理の時に使える吸水ショーツを企画、販売している。1994年生まれのぴかぴかの起業家だ。2019年にクラファンで資金を調達して工場で製品を作った。動画制作会社で働いていたが、海外の映像を検索中に偶然、米国で吸水ショーツの創業者のインタビューを読んだことをきっかけに注文し、使ってみた。非常に快適だったことから日本でも同様の製品を探したが見当たらなかったため、自分で作ってみようと思い立つ。ネットで工場を見つけて段取りをつけた。なぜクラファンを利用しようと思ったのか。

「単純に、お金が必要だったのが一つ目の理由です（笑）。それから、今まで日本にないものを作るので、製品を期待して予約してくれるクラファンはぴったりだと思ったのが第二の理由。一人で立ち上げて何もありませんでしたから、クラファンをやればPRも同時にできる。お金と知名度を同時に獲得できるのはすごくいいし、本当に助かると思いました」

プラットフォームの会社はあれこれ検討して、CAMPFIREを選んだ。同社には間接的な知り合いがいて、クラファン経験者から「担当者が知り合いのほうが、あれこれ気軽に聞ける」と聞いたからだ。

製品をどうしても作りたかったので、オールインを選んだ。

目標は100万円。

「ファッション系のクラファンの相場観として、100万くらいはまあいけるんじゃないかと。それだけあれば、貯金も合わせて何とか製造もできる感じだったので」

ウエブサイトの文章については一緒に考えてくれるようなサービスは特になく、自分で考えた。

生理の日も〝パンツだけ〟、日本発・ナプキン不要のパンツブランド「Period.」・生理が始まりそうなとき、終わりかけのとき下着を汚した経験はありませんか？
・蒸れや漏れに悩んだことはありませんか？
・生理の日をもっと快適に過ごしたいと思ったことがありませんか？

並行して、ファッション系ウエブサイトFASHIONSNAPにプレスリリースを送った。

「CAMPFIREのサービスの一つに、プレスリリースを書くフォーマットがあるんです。そこに書き込んで送りました」

すると、同サイトに掲載してもらえた。

「プロダクト生産を本格的に始める前にクラファンをすることで、それがニュースになる。それがまたクラファンへの流入効果になる。お客様へのコンタクトの機会が増えるんです。私は日本で吸水ショーツを初めて作ったんですが、クラファンのプラットフォームを利用することで、ウエブ上にもその記録が残って、それもよかったと思っています」

支援は４０００円からで、リターンはもちろん製品だ。それに漢方茶セットなどのプラスアルファがつくタイプもあった。「でも結局はシンプルな製品のみが一番の人気でした」。

結果、298人から180万円が集まった。うち知り合いは100人もいなかったという。

「世の中から、このショーツがこれだけ社会から必要とされているということがわかって、いわば市場調査ができた。もしクラファンの反応が微妙だったら、今後自分で作るのはやめようと思っていました」

支援者から寄せられる応援メッセージも嬉しかったという。

「見ず知らずの人たち、それも年齢も属性も住んでいるところもいろいろな人たちが期待してくれていて。励まされて、がんばろうって思えました」

つまり、クラファンには、資金集め、マーケティング、プロモーション／宣伝、モチベーションアップ、という四つの効果があるといえよう。

クラファンをすること自体がニュースを作る契機になる、というのは、ジャーナリストの端くれである筆者から見ても納得感と説得力があるし、新鮮な観点のようにも思えた。

クラファンから一年半ほどたった２０２1年、CAMPFIREから寺尾さんに連絡があった。その後も吸水ショーツの出品があるので、同社が渋谷パルコに持つショールームで吸水ショーツのイベントをするのだという。

「そこに声をかけてくれて。時間がたってもこんなふうに参加させてもらえるのは本当にありがたいです。クラファンをやって本当によかった」

NPO「ACE」の社会貢献型クラウドファンディング

次に紹介するのは、この本でもメーンに取り上げている社会貢献型のクラファンだ。NPOによるものだ。

NPOのACEは、ガーナのカカオ農園やインドのコットン畑での児童労働をなくす活動をしている。子どもの教育や農家の自立支援に取り組む。２０１3年からクラファンを始め、これまでに13回実施。計5千万円近くを集めてきた。うち9回がREADYFORを利用している。最近では、年間予算にクラファンが組み込まれているという。

たとえば、2017年にはこれまでのACEの取り組みとそれによる変化を本にまとめるため、その費用として200万円を目標に行った。250万円が集まり、無事『チェンジの扉』という本が完成した。

2020年にはコロナ禍で現地の状況や活動が困難な状況に陥っているなかでもSDGsへの取り組みを後退させないようにとクラファンをした。目標額500万円を掲げ、2020年6~12月の活動としてACEのガーナやインドでの取り組みや、日本での政府、企業や経営者への働きかけに使うとした。無事590万円が集まった。

ACEの代表、岩附由香さんは語る。

「最初の頃は、年度末になって、やばい、寄付が目標額に達していないといってあわててクラファンに取り組んだこともありました。ここ2、3年は年度初めに収支計画を立てるなかで織り込んでいます」

READYFOR を選ぶ理由として、担当のキュレーターによるサポートが懇切丁寧であることを挙げる。

「まず最初に、どういう人たちからどのくらいの金額をいつごろ支援していただけるかを予測する「ドナーチャート」を作ります。これが大事で、実際にクラファンが始まったら、これを達成できているか検証して、それによってさらに計画や目標を更新していくんです。結果として最初にきちんとチャートを作っていたほうが、後で楽だというのはこれまでの経験でわかっています」

寄付の入り方を見ながら、キャンペーンを調整していく。

ちなみに、2019年と2020年のテーマは同じ「SDGsの達成」だ。同じテーマを掲げてはどうかと、READYFORの担当者から持ちかけられたという。

「他の団体で、毎年恒例として同じテーマを掲げてクラファンを実施しているところがありますよ、ACEだったらできるんじゃないですか、と勧められて、それではと」

2021年も同じくSDGsの達成を目標に行った。6月から7月にかけて、同じくSDGsの達成を目標にクラファンを行ったが、目標額は20年までの倍額の1000万円とした。ずいぶんな強気にも思えるが、「コロナ禍で大型イベントからの寄付収入がゼロになってしまったからです。それまで500万円は達成できていたので、もう少しはいけるかなという思いもありました」。

しかし、最終日に設定した7月15日の一週間前、9日の次点ではまだ647万円余りしか集まっていなかった。あと一週間で360万円を集めなければならない……。「自分の無謀さと楽観主義を呪いました」。毎日午後の一時間、参加できるスタッフをオンラインでつないで寄付先を募ることにした。急きょイベントを設定し、1回目寄付してくれた人に2回目をお願いし、同級生に、家族に、家族の知人に……声をかけまくった。

その気持ちは通じて、9日の次点で寄付してくれた360人のうち、20人ほどが2回目にも協力してくれた。そのうちの一人は、大口の金額を寄せてくれた。

「もう引退されている方で、いろんなところに寄付されているそうなんですが、ご友人からACEのことを聞いたとかで初めて寄付してくださいました。クラファンをしなければ出会わなかった方です。思ってもいなかった出会いってあるんですね。本当にありがたいです。こんなことがあるんだなって、クラファンをするといつも思います」

最終的に5333人から1151万6千円の寄付が集まり、めでたしめでたしとなった。

こんなふうに、「お得意」として何度も利用していると、単発の支援だけでなくてさまざまな継続した提案なども受けられる。

「たとえば、READYFOR で過去に実施したクラファン支援者に通知することができます。一度支援してくださった方は、二度三度としてくださることが多いので、これはとても助かります」

これだけならば、自前でクラファンをしてもたどることができるかもしれないが、プラットフォーム会社を利用すると、個々の支援者の横の広がりのようなものも見ることができる。たとえば、岩附さんが「唯一の寄付者との接点だから」と非常に大切にしているのが、寄付してくれた人へのお礼メッセージなのだが、ここでプラットフォームを利用していることが役に立つ。

「ACEに寄付してくださった方が、READYFOR 内で他に何に寄付しているかがわかるんです。つまり、何に関心があるかわかるので、お礼コメントにもそういった内容を盛り込みます。たとえば、日本の子どもの貧困に取り組む団体に寄付している方だったら、子どもの貧困問題は日本にも海外にも存在しています、と書いたり」

定型文ではなくて、全員に違う内容のメッセージを送る。こういうきめ細かなコミュニケーションをとることで、寄付した人は支援したことを嬉しく思い、また支援したくなるかもしれない。

READYFORはプロジェクトを実施している団体間の横のつながりも提供してくれる。

たとえば、国際協力に取り組む活動を「VOYAGE」と名付け、4期にわたって特設サイトを作った。VOYAGEに参加し、同時期にクラファンを行っている団体を集めてファンドレイズの知恵や経験などを共有するイベントも行った。

このようなフルサポートの手数料は17％。ACEは「お得意様」のため、多少特典があるが、それでも決して安くはないが……たとえば500万円集めたら17％の場合85万円が手数料になる……その分のメリットももちろんあるわけだ。

ACEでは通常の寄付も受け付けている。というか、1年間の収入は約1億円だが、そのうち7割弱が寄付だ、ということは500万円を集めたとしても寄付に占めるクラファンは1割にも満たない。それでも手間暇をかけてクラファンを行う良さとは何だろう。

「期間限定のキャンペーンならではの、お祭りのような熱があります。ＡＣＥはクラファンを目標額が達成できなかったら1円も得られないオールオアナッシング型で毎回行います。そうすることで支援してくださる方に切迫感が生まれるというか、寄付しなきゃ、という一体感ができるように思います。応援しなきゃという気にさせるんです。きちんと達成できるかどうか、最後まで見てくださっている方もいます。思いがけない方から、ご寄付をいただくこともあります。こちらが見えていなかった「寄付したい気持ち」を引き出すきっかけになっています。そういった追跡ができるのもプラットフォームを利用しているからだと思います。クラファンを行うことでそれ自体がニュースとなり、メディア露出も行える。メデイア露出ができたらそれをまたクラファンの新着情報に載せたり、メールでお知らせもできる」

つまり、クラファンをきっかけに多層的にニュースを作り、キャンペーンを行えるわけだ。プロジェクトが終了すると、キュレーターと一緒に振り返りも行う。ここでの知恵や検証、反省がまた次回に生かされるわけである。

「私たちの場合は、既存支援者へのメールの効果が高いことがこれまでの分析からわかっています。メールを送った後でクラファンが伸びるんです。なので、しかるべきタイミングでメールを打つ。メディア露出の報告やオンラインやリアルのイベントの案内、達成したらネクストゴール、それから最後のかけ上がりを目指して、あと1日です、なども」

なお、ACEはグローバルに活動していることもあり、READYFORの他にGlobal Givingというアメリカのクラファンサイトも利用している。

「独立独歩型」……難民支援協会のプロジェクト

また、クラファンのプラットフォーム会社を使わないで、自前のウエブサイトで寄付を集める「独立独歩型」もある。

その一つが「難民支援協会」のオフィス移転のためのプロジェクトだ。

自前のクラファンでもここまでできる、こうすれば成功できるという事例として少していねいに紹介したい。

初めて訪れた人が気後れしないよう（後述するが、これがとても大事なのだ）、事務所の中が見えるガラス張りのドアをあけると、あたたかみのあるコルクでできた受け付け台が。柱や、あちこちにある杉の板でできたドアは、もうできてから3年以上たつというのにほんのりと杉の香りがする。ノブまでが木製で、ドアを開けるときにほっこりしそうだ。

東京・西神田にあるＮＰＯ「難民支援協会」のオフィス。２０１８年に移転した。それまでの旧オフィスが非常に手狭だったため、３２０㎡と倍以上の広さがあるここに引っ越してきた。その費用をクラファンでまかなったのである。当初は８００万円を目標に掲げたが、最終的に１３００万円が集まった。そしてこうやって無事、広々とした快適なオフィスに移転することができた。

ただ、そのやり方は READYFOR などのクラファンプラットフォームの会社を利用したのではなく、自らのウエブサイトを通じて実施した。なぜクラファンをしようと決め、しかも自前で行ったのだろうか。

オフィス移転をクラファンでしようと決めたきっかけもクラファンだった。

……と書くと、？？？だが、広報担当の野津美由紀さんがそう教えてくれた。

野津さんが2017年2月、オーストラリア・メルボルンで難民を支援している団体「アサイラム・シーカー・リソース・センター」（ASRC）に1カ月、研修に行ったのが始まりだった。

「そのオフィスの環境があまりに素晴らしくて、私たちのオフィスとの違いに衝撃を受けたんです。ASRCと難民支援協会の財政構造って似ていて、政府の補助金ではなくて寄付が中心、というところが似ていたんですが……」

もちろん、オーストラリアと日本はそもそも国土の広さが違うが、それにしても、と思ったのだという。

「ASRCではとにかく難民がくつろげるスペースがたくさんあったんです。ソファで足をのばしたり、食事をとれる広々としたカフェスペースがあったり。ところが私たちの当時のオフィスときたら」

野津さんはため息をついた。

「難民の方の待合スペースも5人座ったらもうぎゅうぎゅうで、外で待たなきゃならない人がいたり。そんな狭苦しい事務所を自分が当たり前のように思っていたんだ、ということに気づいてそれもショックで。帰国してすぐ移転を提案したんです。

引っ越しできないんですかって。答えは予想通り、「もちろんしたいけど、お金がないから」でした」

だが、野津さんはオーストラリアで目にしたもう一つの光景があった。

「ちょうど私が研修をしていたとき、ＡＳＲＣが政策変更に伴って弁護士を新たに雇用しなければいけなくなったんですね。その費用をまかなうために、自分たちのウエブサイトでクラウドファンディングをしたんです。こういう理由で、これだけ人件費がかかる、と弁護士の給与まで明示してとても具体的で説得力がありました。それで２週間で３４００万円が集まったのを見たんです。こうやって具体的に目的と必要性を示せば、自分たちのサイトで集められるんだと思ったんです」

そこで野津さんは提案してみた。

「もしクラウドファンディングでお金が集まったら移転できるんですか、と聞いたら、できる、というので」

団体のウエブサイトでクラファンをすることにした。

実は、それまでにも難民支援協会は2回クラファンをしたことがあった。１回目は政策提言のための費用50万円に対し、72万円が集まった。２回目は難民の緊急支援費用の100万円で、このときは142万円が集まった。どちらもREADYFORを利用している。

なぜREADYFORを利用したかといえば、両方とも「営業があったから」だ。クラファンをやってみないかという話があり、あれこれ相談するなかで「政策提言のためのクラファンなどいいのでは」「今、緊急支援が必要」と実施に至った。1回目と2回目の間にはREADYFOR主催でどうやったらクラファンの目標額が達成できるかという勉強会にも声をかけられて参加、非常に学ぶことが多かったことも、2回目をやる動機となった。

ただ、今回は独立独歩型。寄付を受け付けるためのクレジットカードを利用した決済機能はすでに備えていたし、プラットフォーム会社に頼むと手数料も気になったからだ。

「今回は1千万円近くかかることが予想されて、目標額が大きくなると、それに比例して手数料も増えますから……」

オフィス移転のプロジェクトが始まった。クラファンをするためには、オーストラリアで見たようにできるだけ具体的に、何が必要でそのためにいくらかかるのかをクリアにしなければならない。まずは新オフィスに何が必要かを洗い出し、そのためにはいくらかかるかを試算した。

安心して話せる音が漏れない相談室、緊張しない温かみのある空間、きちんと食事ができる場所、仮眠・お祈り・授乳ができるスペース……。これらを備える備品や改築費、契約料や引っ越し代も含めて800万円と試算した。本当は、旧オフィスの設備を撤去して現状回復するための費用300万円も必要だったが、それはいざという時に備えて積み立ててきた貯金の一部を取り崩すことにして、目標額は800万円とした。

「最初から1000万円を超える額だと目標が大きすぎる気がして……」

クラファンのためのキャッチフレーズは「難民が安心できる空間づくり」とした。一言で今回のクラファンの目的を言い表している。

お金が集まれば何ができるのか、今は何が足りないのかが、クラファンのためのサイトには実にていねいに記されている。

たとえば、「安心して話せる音が漏れない相談室」では、「迫害を経験した方のなかには、名前を打ち明けることさえ不安に感じる方もいます。相談では、母国での経験などを詳細に聞き取りますが、現在の相談室は、個室一つと三つに仕切ったスペースしかなく、隣の声が聞こえてしまいます。同じ言語を話す人が隣り合わせにならないよう工夫していますが、安心して話してもらうには、声の漏れない部屋が必要です」

「緊張しない温かみのある空間」は、「JARに相談にくる方のなかには、心に深い傷を抱えている人もいます。母国で軍や警察から拷問を受け、制服姿の人や窓がない狭い空間に強い恐怖を感じる人や、日本の入国管理局（入管）で帰国するよう強く問い詰められた経験から、無機質なオフィス空間にいると、そのときのことを思い出して体調が悪くなる方もいます。現在の相談室は、入管を思い出し息苦しくて居られないという声が寄せられることもあります。内容や素材を工夫し、誰にとっても緊張することなく温かみを感じられるような空間を作ります」

「きちんと食事ができる場所」は、「JARには毎日約15人が相談に訪れます。来日直後で公的支援にもまだつながっておらず、宿のない方が大半を占めています。持ち金が尽きて食事もままならないため、数週間、JARで3食とる人も。隣の人と肩がぶつかるような混み合う待合スペースで、周りを気にしながらではなく、きちんと食事をとってほしい。一番困難なときに安らげる場所を作ります」
どうだろう。目の前に情景が浮かんでいるような具体的でわかりやすい説明ではないだろうか。

クラファンが始まってからも、「進捗報告」として、さらに具体的なエピソードを交えて必要性を描写している。たとえば、「安心して話せる音が漏れない相談室」を再度掲げ、「安心して話してもらうためには、声が漏れない相談室の確保がとても重要です。いまの事務所は個室が一つしかなく、あとは一つの部屋を三つに仕切ったスペースで、隣の声が聞こえてしまいます。これまでは、同じ言語を話す方が隣り合わせにならないように工夫し、なんとかしてきましたが、相談に来る人が増えるなかで、その対応にも限界がきています。相談室のなかでさえ、「ニックネームで呼んでほしい」という人もいます。あるときは、日本の厳しい現実を知ったときのショックで、大声で泣き出した人がいました。その方は、自分が相談室のなかで泣いたことが、他の人に聞こえていたことをとても恥ずかしく思ったようで、相談が終わると顔を隠して走って事務所を出ていきました。ただでさえ過酷な状況下で、そんな気は遣わせたくない」

野津さんは言う。「できるだけわかりやすく、どんな状況なのかを説明することを心がけました。事務所に1日2、30人もアフリカの人がやってくるなんて普通に生活していたら、想像できないですよね」

もともと同協会は、支援者はじめ自分たちの活動を世の中に報告することについては気を配ってきた。月に2回のメルマガでは活動状況をわかりやすくきめ細かく説明していたのだ。クラファンでの取り組みも、その延長線上にあった。これは第1章で取り上げた抱樸とも共通する。普段から、支援者や世の中とのコミュニケーションに気を配り、ていねいにわかりやすく自分たちの活動を伝える努力をしていたのだ。

クラファンの最中にはウエブサイトに加え、フェイスブックもまめに更新。さらにこの数年寄付を寄せてくれた人3千人に郵送で寄付のお願いをした。アナログ。でもこれも効果を発揮したという。

結果、クラファンをはじめて3日で152人から543万円が集まり、1週間で800万円を達成。貯金を取り崩すつもりだった300万円もさらに次の目標に定め、それも達成。最終的に388人から1300万円が集まった。50万円や100

万円単位の寄付が数人から寄せられたが、残りは平均して一人1万円ほどだったということ。8割がもともとつながりのあった人たちだった

寄付してくれた人からはこんな声が寄せられた。

「あまりにも難民に冷たい現政権といまの社会をどうすることもできないことを、申し訳なく思っております。微力ではありますが、よき隣人でありたいです」

「必要な金額からは僅かなお金ですが、私の精一杯の気持ちです。祖国を離れねばならなくなった方たちをどうか守ってください。日本を選んでよかった、と少しでも思ってもらえるような理由が見つかりますように」

「ぜひ大きな目標ですてきな場所をつくっていただきたいと思います。そして、早く遊びに行きたいです。気軽に関心を持つ人が立ち寄れる場所になったらいいですね。でっかい夢をぜひ実現してください」

一級建築士やインテリアデザイナーから協力の申し出もあり、ボランティアで事務所の設計図面を描き、模型も作ってくれた。

その結果、スタッフの業務スペースと来訪した難民の人々の相談スペースが完全に分けられ、空間を無駄なく使ったデッドスペースのない、ゆったりとしたオフィ

スが完成した。

プライバシーが守られる音が外にもれない相談室は三つあり、食事をとれる場所もある。ほっとくつろいで待つのに十分な空間や横になって身体を休められる場所、授乳やお祈りのできる空間もある。少しでもほっとできるよう、コルクや杉など天然の素材が建具として使われている。その後、同協会ではウエブマガジンを発行するため、200万円を目標としたクラファンを再度独立独歩型で行い、240万円を集めた。

クラファンを発案した野津さんは「成功できたのは、「新しい事務所」というとてもわかりやすい目標で、お金を出したくなるプロジェクトだったからだと思います」と語る。

クラウドファンディングのダークサイド

一方、クラファンも明るい面ばかりではない。詐欺まがいのプロジェクトも存在する。

毎日新聞の2020年10月の報道によれば、大手クラファンのサイトで「アイスシルクの冷感マスク」の緊急生産をうたったプロジェクトがあった。購入型で「絹」の表記もあった。しかし、購入者のもとに届いたマスクはポリエステルなどの化学繊維で、色もサイトにあった白ではなくて灰色。サイトを見ると「絹」の文字が消えており、返金を求める購入者が続出した、という。

国民生活センターによれば、クラファンをめぐるトラブルや苦情は20年度は少なくとも200件。21年度は4月〜〜〜寄せられている。

消費者庁の委託を受けて三菱UFJリサーチ&コンサルティングが20年9月に発表した報告によれば、20代から60代以上の520人から回答を得た調査で、購入型・寄付型のクラファンの利用でトラブルにあったり困ったりしたことがある割合は26・3%。20代での経験率が43・3%と高かったという。

トラブルなどの内容は「リターンの提供時期が遅れた」(42・3%)、「活動報告がされない、報告頻度が少ない」(25・5%)、「リターンの内容・仕様が説明されていたものと違った」(19・0%)、「リターンが不良品であった、壊れていた」(18・2%)と続く。

「アイスシルクのマスク」のケースはREADYFORではない。同社ではトラブルを防ぐために、社内に弁護士がおり、プロジェクトをウエブサイトに載せる前に実現性・適法性に関して確認している。プロジェクトの実行者と、寄付をする支援者間のトラブルも、「第一義的には、実行者及び支援者間の協議等により解決されるべきもの」（READYFOR）という見解だ。しかし、両者のトラブルの生じた原因次第では、同社が「一定の役割を果たすことが、当社に対する社会からの要請に応えることでもある」として、「事実関係を確認した上でトラブルの解決又は事態の前進のための働きかけを行うなど、社会通念に従って誠実に対応する」ことにしているという。プロジェクトの新着情報で過程をきちんと追えるようにして、トラブルがあったら返金することもある。

お金にまつわることでもあるし、どうしてもダークサイドはある。でもお金は使い方によって思いも寄らぬ効果も生み出す。ダークサイドばかりを気にしていたら、イノベーションも生まれないというのもまた真実だろう。闇には最大限気を配りながら、お金のポジティブな面をどんどん伸ばしていけたら、と思う。

第3章

READYFORのCEO・米良はるかさん

米良はるかさん（READYFOR株式会社CEO）

社会貢献型クラウドファンディングの代表格

社会課題の解決に取り組む人たちが多く利用するクラファンの代表格はREADYFORだ。

まだまだ女性リーダーが少ない日本で、READYFORのトップは女性だ。

その道をたどると、なぜ社会課題に視線が向いていったのかが非常によくわかる。今後の事業の展開やビジョンは非常に力強く、とかく閉塞感に満ちた日本社会の未来に希望が持てる、と思える。

READYFORのCEO、米良さんに来し方とこれからを聞いてみよう。

米良さんが語るREADYFORのビジネスとは何か。

「今までは目に見える物を担保にお金を借りていたけれど、ここではネットで自分の生き方ややりたいことを可視化してお金を集めます。企業も単にお金もうけでなく、社会的なものに向き合うことが課題になっている時代です。寄付でも投資でもない新たなお金の流れ、資本主義では流れていかないところへのお金の流れをつくりたい」


米良さんは１９８７年に東京で生まれた。人生を変えた出会いは慶応大学の経済学部に通っていた時のことだ。日本のＡＩ研究の第一人者、松尾豊氏とだった。

「松尾先生は、ＡＩを開発するというよりもＡＩで社会システムがどう変わるかを研究していた。世の中がこうなる、と聞くのがとても面白かった。こういう世界になったらいいと自分でも考えるようになって、ああ、私未来を創る人になりたいんだとわかったんです。社会の仕組みを作りたい。革命の時代だったら私、革命家になっていたかもしれない」

「未来を創る人」「革命家」になるために就活はしなかった。「だって、今世の中にある仕事や会社は、未来にはないかもしれませんよね。進路について迷っている時に英国に留学したら、海外の子たちは自分のなりたいものがあって、そのために自分が何をすべきか考えて努力していた。どこの会社に就職したい、ではなかったんです」

就職はせずに大学院に進み、5月に米カリフォルニア州シリコンバレーに旅行したのが転機になった。多くの起業家たちが活動している光景を目の当たりにしたのだ。

「たくさんの起業家たちが活動していた。未来を創る人たちがここにいた！　と思いました」

いったん帰国して即、スタンフォード大への留学を決めた。2010年のことだ。米国でクラウドファンディングを知る。

「これを日本でやりたいと思って。わーっと調べ尽くしました」

翌2011年に「READYFOR?」（当時）の事業を開始する。東日本大震災の直後だった。

最初のプロジェクトは六つ。「動く絵」という時間によって色や明度が変化する絵をつくるというアートプロジェクトで目標金額5万円。バングラデシュの高校生のために映像授業のコンテンツを作るプロジェクトは20万円。医大生と美大生がコラボして制作したアート作品の展示会をするプロジェクトは10万円。

若手農家がお米を直販するプロジェクトは目標248万円。日本画の絵本を出版するプロジェクトは59万円。自然エネルギーの発電装置が組み込まれたマイコンボードを作るプロジェクトは99万円。最初の三つが達成、あとの三つは残念ながら未達だった。

その後、東日本大震災の救援や復興関連のプロジェクトが急増した。

「東北に何度も通いました。復興に役立っているのが本当にうれしかった」

偶然ではあったが、会社が発足したタイミングによって、社会課題に向き合うことが大きく方向付けられたのかもしれない。

日本には寄付文化がないとさんざん言われてきた。米良さんは、それには違和感があるという。確かに「寄付型」の多いREADYFORが右肩上がりの成長を続けているのは、それは違うと実証しているかのようだ。

「寄付文化がないというのは思い込み。やり方をもっと工夫したら寄付は根付くと思うんです。期限を区切って資金目標を明示する。お金が集まったら何が実現するのかきちんと説明し、目標額を達成したら「お礼」と「報告」をする。READYFORではキュレーターと呼ばれるメンバーが伴走し、達成率は75%という業界有数の高さです」

READYFOR以前にも、「寄付サイト」はあった。READYFORは何が違うのか。

「お金を出す行為と使われる行為がつながっていないと思いました。自分が出すことによって何がどう変わるのか体験できない。参加感と、資金がどう使われるかの透明性を作ることが鍵だと思いました」

確かに、第1章や第4章でもふれているが、目標額を達成したプロジェクトは、お金をどう使い、それによって何が可能になるのか、大きなことをいうと社会をどう変えるのかが具体的に示されている。

「たとえば、寄付したお金がどう使われたのか。2020年に実施したコロナ基金（第5章で詳述）ではその様子を動画で撮ってもらい、送ってもらった。こちらで編集してページに出しました。報告の方法だけで支援者の満足度が全然違います」

大きな転機

事業がずっと順調だったかといえば、決してそんなことはない。創業して6年、米良さんが疾走していた真っ最中の２０１７年5月に、偶然首にしこりを見つけた。７月にがんと診断される。29歳の時だった。これがその後の人生や会社経営の方向に大きな影響を与えることになる。革命家がより社会を意識するきっかけになったのだ。

実はその頃、会社の経営について悩み、迷っているさなかだった。

「会社は成長していたけどメンバーがどんどんやめて、私も社員に信頼されていないのではと不安で「もっと社長らしくしてください」って言われて、ものすごくショックを受けたこともありました。

リーダーってどんな人なんだろう。リーダーとして自分はやっていけるんだろうか？　その頃29歳で、20代はこれをやりたいと思ってひたすら走ってきたけれど、掲げた目標は20代では達成できそうもない。30代になってもこのペースで走り続けるのか、焦りや迷いがありました」

がんはごく初期のステージ1だったが、会社を社員にまかせて休養することを選んだ。

「私がいなくなったら会社がつぶれるかもと思ったけれど、社員が「いや、まかせてください」と言ってくれて。結果的にそれがよかった」

休養中は本を読みまくった。

「リーダーのあり方が知りたくて、歴史書や経済書など100冊を乱読しました。孟子、ソクラテスから勝海舟、司馬遼太郎、半藤一利さんまで。そしてリーダーシップは多様であっていいと思ったし、リーダーでいられる時間もそう長くないとわかった。1回しかない人生を自分が望む通りにやるしかない、と思えました。吹っ切れたというか。病気の前後ですごく変わったと言われます」

復帰は翌年1月だった。

会社に戻った後で、経営者としてのリーダーシップはどう変わったのだろう。

「社員同士の信頼関係が大事だと思って、「無駄話」を勧めるようになりました。悲しい時には一緒に泣くとか、日常のさまざまな出来事を共有できる仲間だからこそ、毎日の仕事を心地よく、協力し合ってできると思っています。運動会も始めました。めちゃくちゃ盛り上がります。前だったら会社の運動会とか意味がないと思っていましたけど、今は誰よりも運動会を楽しみにしています（笑）（筆者注：コロナ禍のもとでは現在行われていない）」

変わったのはリーダーシップのあり方だけではない。会社の目指す方向性も明確になった。

「READYFOR のビジョンは「誰もがやりたいことを実行できる世の中をつくる」。だけど、サービスとして誰に使ってもらいたいのかもやもやしていて、模索していました。それは私だけではなくて、会社のメンバーもそうだった。でも、病気を経て戻ってきて、社会に変革をもたらすような存在でありたいと心の底から思えたし、資本主義では流れないお金を流すのが自分たちの役割だ、とクリアになりました。会社を社会の公器として成長させよう、と決めました」

明確になったリーダーの意思は組織にも伝わり、ここから READYFOR は「ソーシャル」に舵を切っていく。社会貢献に強みを持つクラファンプラットフォームになっていくのだ。

「それまでは数字を増やすというゲームに必死になっていたけれど、目先の数字じゃなくて、未来を目指すんだ、未来に価値を残す仕組みを作りたいんだということがクリアになって、やるべきことも明確になりました」

では、その「未来に価値を残す仕組み」とは。

「資本主義では解決できない新たなお金の流れをつくっていきたい。そのために社会を持続可能にする資金調達の仕組みを目指します。クラウドファンディングはそのための手段の一つであって、もっともっと、課題を解決するサービスやプロダクトを開発していこうと」

米良さんは「今、社会を変えている実感、公的なことをしているという自負がますますある」という。

「本当は官僚や政治家がやるべきことだと思う。でも民間でやっていくほうがスピード感もニーズに沿った解決もできる。社会変革の鍵はテクノロジーだと思うんです。で、それを一番生かせるのがベンチャーやスタートアップ。テクノロジーを使った仕組みで社会起業家が持続的に活動できるようにして、貧困をなくしたり、地方の問題を解決したり、未来の社会を変える成果を出していきたい」

だから、２０２０年のコロナ禍のなかでREADYFORの動きは素早かった。

「横浜港に寄港したクルーズ船からコロナ感染者が発生したとわかったのが二月上旬。そこから何ができるか会社として考え始めた」

同月末には中止になったイベントの損失を被る事業者をサポートするプログラムを始め、4月からコロナ基金を開始した。

「目指す方向がはっきりしていたから、思い切り振り切れました」

組織が思いを共有していたから、会社全体が有機的に動き、意思決定から設計、実施までも非常に迅速になされた。ビジョンがクリアで、目指す先が明確だということがいかに重要かわかる。

READYFORには孫泰蔵氏が率いるミスルトウが出資している。孫氏は常々「お金儲けは手段。真の目的は社会を良くすること」と語っている。その孫氏は米良さんに、コロナに際して「コロナだからこそ変わらなくちゃいけない。これまで開かなかった扉を開けるためにチャレンジする時だ」と強調した。

「コロナのプロジェクトに専念しようと決められました」

米良さんが最近ますますREADYFORの役割として意識しているのが「メディア」だ。

「今まで注目されていなかった課題とその実行者の声がREADYFORのサイトに載ることで、共感する人が集まる。そして世の中に知られて、解決へとつながっていく」。メディアたる新聞社の一員である筆者としては忸怩たる思いだが、確かにその通りだ。

米良さんは今、経営者としてどこを見据えているのか。

2019年に長期事業計画を練り直した時に、数年以内に年間でどのくらいの資金を扱いたいか話し合った。「1兆円」と明言して周囲を驚かせた。

「社会を変えるには少なくとも1兆円流さないと」

READYFORは21年3月、10億円の資金調達をした。次のステージに進むためである。第5章で詳述するが、赤い羽根との提携や遺贈寄付プロジェクトなど新たな挑戦も次々に始めている。目標額1兆円、いつ達成するのか。歩は着実に進めている。

第4章

目標金額を達成するためのセオリー

READYFORのトップページ　　READYFOR株式会社提供

寄付を集めるためのコミュニケーション

何かやりたいことができたとする。たとえば、地域の夏祭りが予算不足で開催できない危機にあるが、なんとか存続させたい。海外にどうしても留学したい夢があるが、資金が足りない。子どもの貧困に以前から関心があって、子ども食堂を開設してみたい――。でも先立つものがない。あれこれ算段を試みるがうまくいかず、クラファンをしようと思い立つ。プラットフォームの会社に連絡をとってみようか……。

言うまでもなく、クラファンは魔法の杖や打ち出の小槌ではない。人様のお金をいただくのだから、相応の手間や時間がかかる。当たり前のことだ。この人にお金を出したい、自分の手助けが必要なのだと思わせなくてはいけないし、お金を出した後にも、寄付して良かった、という喜びを味わってもらわなければならない。

こういったことにも、一定の方法論はある。具体的に、クラファンを思い立って初めの一歩を踏み出すところからプロセスをたどりながら、どうしたらクラファンがうまく達成できるのか、READYFORを例に見ていきたい。

中込まどかさんはREADYFORに勤務して7年目になる。「カスタマーサクセスグループ」のマネージャーだ。同チームではこれまで数十万人の相談に乗ってきた。

クラファンを思い立ったらまず、READYFORのサイトの「相談する」というところから、「プロジェクト概要」やプランの希望を記入して申請ボタンを押す。その後、プランに応じて同グループの担当者と電話やメールで相談できる。

この最初の申請から、実際にクラファンのプロジェクトを始めるに至るまでにはいくつかのステップを踏む必要がある。READYFORは、最初の相談段階はすべて無料となる。

カスタマーサクセスグループでは、具体的にプロジェクト開始に向けて何をアドバイスするのだろうか。

「目標金額の妥当性や、お金が集まったところで本当にそのプロジェクト、「やりたいこと」が実現できるかどうかです。誰が何をなぜ……という「5W1H」（who, where, when, what, why, how）的なことをクリアに整理するお手伝いをして、できるだけ具体的に肉付けをしていくイメージです。実際にプロジェクトを公開する、となった時点で「キュレーター」という伴走者にバトンタッチするのですが、そこまでに多い人で7、8回やり取りをします」

電話やメールで相談をしながら話を具体的につめていくにつれて、ギブアップする人が出る。たとえば、イベント開催だったらそれが絵空事で終わらないように、本当にこの金額でできるのか。イベントを開催する場所があるのか、イベントをいつやるのか……。肉付けを進める必要がある。その途上で、ああムリ、となる場合もあるのだ。

「たとえば子ども食堂をやりたい、と言ったときにも、それにはいろんな段階があると思うんですね。場所を借りたいのか、必要な施設を作るために工事業者を入れたいのか、食材を買いたいのか、什器が必要なのか。あるいはもう開設しているんだけど、人が来ないからPRしたいのか、などです。結構、この整理が必要な人が多いんです」

忘れられない具体例として中込さんが挙げてくれたのが２０１５年に行われた、東北の児童館の子どもたちに端材を使って作った積み木を届けるプロジェクトだ。目標金額は30万円と決して多くない。

「木材問屋に勤めている方がご相談されたんですね。仕事でたくさん廃材が出るんだけれど、捨てて燃やしてしまう。もったいないから何かできないか、というご相談でした」

つまり、最初は「積み木」も「東北の子どもたち」もなかったわけだ。日々の仕事のなかでもったいないと感じているこの廃材をどうにかしたい。そんな、極めて漠然としたアイデアに過ぎなかったわけだ。

「お金を集めるなら、廃材で何か作ったものをどこかに贈るとか、売るとか具体的に想定されたほうがいいですよ、と申し上げたんです」

すると、積み木を作る、というアイデアが生まれた。

「そのアイデアをもとに発案者の方が、フェイスブックを使って「積み木を使ってくれるところを知りませんか」と呼びかけたところ、東北の児童館を紹介してくれた方がいたんです。ちゃんと行動力があって、アイデアを具体的に肉付けして方向を作ることができたんです」

中込さんからキュレーターにバトンタッチした後に作ったものだが、クラファンのサイトで30万円の使い道は、木材の加工をするための場所を借りる費用と、積み木を現地に届けるお金としてこんなふうに具体的に記されている。

・新幹線での移動費、宿泊費、レンタカー、運賃等：約60000円
・新木場から電車と新幹線　往復：約24000円
・仙台での宿泊費：約10000円
・仙台からレンタカー2日間：約20000円
・こちらから仙台の郵便局まで荷物を送る料金：約3000円
・諸費用：約51000円
・加工場所を借りる為のお金　1日10000円×10日間：100000円

……と実にこと細かなのだった。
「最初に問い合わせをいただいて、そのときは本当に漠然とした段階でも、発想が

だんだんふくらんで、形になっていく。それを見られる楽しさがあります」

単なる思いつき、漠然としたもやもやがだんだん輪郭が明確になって具体化していく。しかしそれが人様の共感を得てお財布を開いてもらうためには、そのことを伝えなければいけない。いくらすばらしいプロジェクトでも、それが伝わらなければ意味がないわけで、プロジェクトの内容と共に、コミュニケーションが鍵となる。

「寄付を集めるためのコミュニケーション」とは何なのだろう。

中込さんが、「液体金属の置物」のプロジェクトを例に説明してくれた。大学生のチャレンジだったが、液体状の金属が透明の筒状の入れ物の中を滴り落ちていく様子が見える置物を開発。ニコニコ動画に投稿したところ、23万回再生と大反響を呼んだため、製品としてつくりたい、という試みだった。

「その製品自体はとても面白いと思うんです。だからそれだけ再生されて見られたわけで」

しかし、それだけではクラファンで求められる情報とは違う。

「理系の学生さんということもあってか、プロジェクトページに内容を記入していくとどうしても機能の仕様とか製作の工程にかたよってしまうんですね。それだけだと難しい。ここから先はキュレーターが補う、腕の見せどころなんですが」

そう、最初の一歩を一緒に考える中込さんの段階からもう一歩進んだ先かもしれない。が、ここは「人の気持ちを動かすコミュニケーション」として、とても参考になると思われるので、どうしたらいいのかを紹介しよう。

「どうしても、ご本人は得意なものの説明になってしまうんですよね。でも、なぜ液体金属を面白いと思ったのか、パーソナリティも含めて過程も見せよう、ということになって」

クラウドファンディングは共感してお金を出してくれる支援者やファンを増やしていく作業ともいえるわけだが、最初に接する中込さんはいってみれば「最初の支援者」だ。だから、どうやったら彼女の気持ちが動くか、を考える必要があるわけだ。中込さんが、「応援したくなる人」を教えてくれた。

「実力やスキルがあるにこしたことはないですが、そういうことよりも、自分がプロジェクトの主体なんだという姿勢、学ぼう、挑戦したいという熱意や真剣さのように思います。みんな初めはやったことがないわけで、最初はふわっとしていてもいいんです。そこは私たちと一緒に具体化していけばいいので。大切なことは、人から預かったお金を責任を持って使うのは、とても大変なことで、それを自覚して実行できる実直で誠実な人、というのが大切な気がします」

人から預かったお金を責任を持って使える実直で誠実な人。

余談だが、私は政治ジャーナリストをしている。政治家を取材していて思うのは、「応援したくなる」と思わせることが非常に重要だということだ。政治家は「こういう政策を作ってほしい」「こういう地域、こういう日本、こういう世界を作ってほしい」という有権者の思いを受け止めてその声を代弁する（代議する）役割だ。クラファンの実行者と共通点があるように思う。

政策（プロジェクト）はもちろん大事だ。でもそれを実行する人のパーソナリティ、この人が信頼できるかどうか、好きかどうか、託したいと思えるかどうかも非常に重要だ。政治家も日々、ファンを増やしていくプロセスだろう。

クラファンの場合、それは特に最初の段階で大切なのかもしれない。これから始まる一連のプロセスを遂行できるか、役割を果たせるのか。それは「最初の支援者」を納得させることができるかどうか、でわかることなのだろう。

プロジェクトページを作るコツ

さて、この段階をクリアして「やりたいこと」が明確になり、「目標金額」も定まると、「キュレーター」と呼ばれる伴走者が登場する。プロジェクトページを一緒に作り、プロジェクトが始まり、そして資金調達が終了するまでサポートをしてくれる。そのキュレーターのマネージャーを務めるのが小谷なみさん。2017年に中途入社後、一貫してキュレーターをしている。すでに数百件以上担当し、大型プロジェクトの経験も豊富だ。1億円を達成した抱樸《ほうぼく》も担当だった。

一緒に寄付を集めるプロジェクトページを作っていくのだが、何かコツはあるのだろうか。

「ただ単に情報を伝えるだけでは寄付は集まりにくいんです。きちんとストーリーの流れを見せないと。大切なのは、なぜお金が必要なのか。それが集まるとどうなるのかを具体的に解像度を上げていくことです。なぜお金が必要で、それがクラウドファンディングでないとダメなのかは、本人だけで考えるよりも、私たちと共に考えることでより支援者に訴求し、伝わるものになります。熱量や社会的ニーズを可視化するんです」

キュレーターが、言ってみれば「壁打ち」の相手となりながら、客観的な視点を入れて一緒に作っていく。そうすることで、独りよがりではなく、具体的なエピソードも盛り込んだ、クリアで説得力のあるウエブサイトを構築するのだ。

まず鍵を握るのは、プロジェクトタイトルだ。

READYFORのトップページやツイッターでの拡散をする時には、多くの場合はプロジェクトタイトルがメインで表示される。それで立ち止まってもらい、さらに知りたいとクリックしてもらうためには、プロジェクトタイトルだけでプロジェクトの内容がわかり、他のプロジェクトと差別化し、そして何か興味をひくようなものにする必要がある。

確かに、ニュース記事でも見出しは非常に重要だ。見出しだけしか見ない人も多い。そのために、新聞社でも見出しをつける専門の部署があるほどだ。

それから、冒頭メッセージ。

「冒頭の部分だけで支援するかどうか決める人は多いんです」と小谷さん。

「READYFORが始まって初期の頃によくあったのが、「私は〇〇と申します。ページをご覧になっていただきありがとうございます」みたいな感じで始まるもの。これがほとんどだったと思います」

確かにそうだ。もし私が何かプロジェクトを始めるとしても、そうやって書き始めそうな気がする。小谷さんは「でも」と続けた。

「実際にお金を出す人って、実行者さんのことをすでに知っている方も多い。そこから同心円状に支援が広がっていく。なのに、いちいち自己紹介から始めるのって、ちょっと仰々しすぎる感じというか。支援する側の気持ちに沿ったコミュニケーションとは何か、ということを考えるのが重要で」

たとえば第1章で取り上げた、クラファンで1億円を達成した北九州のNPO、抱樸《ほうぼく》。そこのプロジェクトの書き出しは「初めまして。私は奥田です。32年活動しています」ではない。「いのちの危機に直面する人たちがいます」である。

「32年間活動している実績を、自己紹介で言うんじゃなくて活動の実績をファクトで見せるんです。そのほうが説得力があって、人の心を動かす」（小谷さん）

「お金が集まったら何ができるのか」を端的に伝えることも大切だ。

2020年に8億7千万円超を集めた「新型コロナウイルス感染症：拡大防止活

動基金」でも、そこは「この基金で、できること」として冒頭に三つ、実にクリアに書かれている。

「今資金を必要としているところに、いち早く助成します」

「集まった資金の流れを透明性高く知ることができます」

「基金への寄付で税制優遇が受けられます」

その後に「なにをするか」「いつ・どうやるか」「だれがやるか」として、研究・開発やマスク・医療器具、感染症対応、子ども・高齢者支援などの活動費用を助成するとし、タイムスパンや、この基金を呼びかけた、大学教諭や医師など13名の専門家が紹介されている。

「寄付の初心者をイメージして作りました。基金への反応として、基金のわかりやすさや、今必要としているところにいくということへの期待や安心がメッセージとして寄せられていたので、思ったようにできたかなと思いました」

もちろん、透明性をいつも強調しているだけあり、助成した後には報告もきちんとした。それも長々と書いても読まれないだろうと考え、たとえば「第二期助成できる、16の支援」として1枚のスライドにまとめた。

「みなさんの出してくれたお金がどう使われるのか、助成先の団体名を並べてもわからないので、項目別に、数量も入れました」

「透明樹脂材料を使わない紙製フェイスシールドを10万枚作成へ」（筆者注・透明樹脂材料は当時枯渇していたため）

「首都圏30の医療機関に、栄養バランスの取れた食事提供」

「地域医療・救急医療崩壊防止の一助に、コンテナ型発熱外来設置」

「出動回数が激増する救急隊員のストレスケア対策を」

「感染予防キットを正しい情報が届かない路上生活者へ」

「若年認知症世帯がマスク作りを通して地域からの孤立を防ぐ」……。

冒頭のメッセージとストーリーの流れをどう作り、見せるか。別の例でも見てみよう。

たとえば、東京都台東区にある永寿総合病院。2020年3月に国内最大級の新型コロナウィルスによるクラスター（集団感染）が発生し、214人が感染して、うち43人が亡くなるという事態になった。

6月末、「頑張れ、永寿総合病院：地域医療の砦を守ろう」というプロジェクトが立ち上がった。同病院出身の医師らで作る「永寿総合病院を応援する会」によるものだった。

院内感染拡大によって約2カ月の間、外来診療や新規入院の受け入れを停止したことで収入が激減、運営費用がまかなえず、金融機関から融資が必要な状況に陥っていた。人件費をおさえるために出勤調整をして、看護師などで給与が減った職員も出ていたという。

そこで2000万円を第一目標とし、まず約400人の看護師全員に臨時の5万円の手当を支給したいとした。それが達成できたら看護師以外にも対象を広げ、800人の職員全員に手当を支給することを掲げた。

結果は、第一目標の倍以上の4900万円が集まった。

小谷さんは言う。「クラウドファンディングの際には、寄付される文脈を作ることが重要です。何のために寄付してもらうのか、というテーマを明確にする、といってもいいかもしれません。それは一つでいいんです」

なぜお金が必要なのか。そのお金で何が実現できるのか。これをできるだけ明確にして、寄付する人が具体的にイメージできるような、端的な言葉である。

「支援する人の心をどう動かすか、が鍵です」

この永寿総合病院の場合は、それが「地域にとって大事な病院」だった。

ここがピンチになると、地域医療の拠点となる病院が存続の危機になってしまい、私たちの健康や安全が危うくなる。それでいいのですか？　という問いかけでもある。

プロジェクトを立ち上げた「応援する会」には、地域医療の核である永寿総合病院が経営体力を失うと、周辺の医療機関もあわせた地域医療の崩壊になってしまうという危機感があった。

「プロジェクトのページには寄付した人から応援コメントが並ぶんですが、こういうコメントが並ぶといい、ということをイメージしながらストーリーを作っていきます」

この時は、応援メッセージに「入院中に受けました看護師皆様方のきめ細やかで献身的なケアに心打たれました」「父が長期にわたりお世話になりました」「昔から家族みんなお世話になっていますし、昨年手術を受けました。看護師の皆さん本当に優しくて辛かった入院中支えていただきました」「これからも地域医療の中心として支えて頂きたいと思います」「台東区の中核病院として、地域医療に貢献頂き有り難う御座います」「地域を支える病院に頑張ってほしい！」といったような応援メッセージが並んだ。まさに、地域医療の核として存続してほしい。人々はそう思って支援したわけで、ねらいはぴたりと当たったのである。

応援メッセージで「がんばってください」「友達だから出します」的なものが多いと、天井につきあたるという。

「自分の言葉でどれだけ語っているか。心が動かされると、応援メッセージの言葉として表れます」

もう一つの例を見てみよう。

「たった、160人の住民に必要なこと。それは男木島図書館が、そこにあり続けること。」

瀬戸内海に浮かぶ男木島《おぎ》。人口160人の島で、古民家をリノベーションして私設図書館を作った人たちがいた。

子どもたちが学び、島民が交流するための場所である図書館。活動が軌道にのり、人々も集まるようになっていたなかで、台風と長雨で屋根が破損し、雨漏りや崩れが起こるようになった。そこで屋根を瓦葺きに改修しようと150万円を集めることにした。

「ここでキーメッセージとなるのは、図書館がそこにあり続けること。この言葉が、寄付したい気持ちを刺激すると思いました」

実際、寄付した人からの応援メッセージを読むと「変わらずに在ってほしいと願います」「男木島図書館が島の人と来訪者みんなにとって居心地のいい「居場所」であり続けることを願っております」「これからもずっと存在し続けますように」など、ねらいとどんぴしゃの言葉が並ぶ。

なるほど、応援メッセージは寄付のマーケティングというか、寄付をした人がどういう気持ちを刺激されてお財布をひらいたのか、という動機を分析するツールにもなり得るのだ。さらにそのメッセージを読んだ人が気持ちを動かされて寄付をする、というポジティブな連鎖を生むことにもつながるのだ。

リアルとネットの化学反応

プロジェクトの実施者の熱や姿勢も重要だ。

人にお金を出そうという気にさせるわけだから、プロジェクトをする人は心からのお願い、自分の心の奥底からの正直な気持ちを吐露しなければ、人の心は動かせない。そこに何か嘘があったり、薄っぺらなものだったりしたら、たとえウエブを通してでもそれは透けてみえるという（ますます、政治家の演説や言葉と共通するものがあるように思える）。

「どこまでハラを割って実行者がプロジェクトの背景を吐露できるかが重要です。なぜクラウドファンディングなのか、を突き詰めるんです。それによって、気持ち良く支援できるかどうかが決まります」

クラファンはデジタル、ということで、若い世代がちゃっちゃか美しいプレゼン資料を作って上手に資金集めができる……というイメージもあるのだが……。小谷さんにそう聞いてみた。

「いいえ、必ずしもそういうことはないです（笑）。実はクラウドファンディングは、積み重ね、歴史がある団体と相性がいいんです」

筆者にとってはちょっと意外な答えだった。

「長年の積み重ね、築き上げてきた信頼が可視化されるんです。そこが薄っぺらだと隠せない。それに、リアルじゃなくてオンラインだからこそ、これまでやってきたことがあるからこそ信じられる、という側面があります。ネットの文化や見せ方、集め方のノウハウ的なことは私たちがお手伝いできるけれど、活動の積み重ねは、これはもうなければどうにもならないですから」

アナログ世代にも心強い言葉だ。ネットだから……と気後れする必要はまったくない。逆にリアルでやってきたからこそ、ネットでも通用できるのだ。1億円集めた抱樸が良い例だろう。アナログの長い活動の歴史があったからこそ、ネットのクラウドファンディングがうまくいったのだ。

ではその「ノウハウ的なこと」には何があるのだろう。

まずは、スタートダッシュが大事。

「プロジェクトページを出してから5日間が最初の勝負です。ここで20%に到達すると、最終的に目標にたどりつくのが9割以上です。王道のセオリーです」

なるほど、「最初が肝心」は王道のセオリー！

それから、寄付の受付期間の終了まで、できるだけまめにページを更新し続けること。

「ページを見ている人は必ずいます。結構多くの方が、途中であきらめてしまうというか、ああ支援が伸び悩んでいるな、これ以上支援してくれるかどうかわからないし、もういいや、ってなってしまうと本当にそれ以上寄付は寄せられず、そこで終わってしまうんです。中だるみでそのましぼむのではなくて、気合を入れ直すというか」

毎日新着情報をアップする。そうすることで、プロジェクトページを訪れる人の反応するトピックがつかめる。READYFORでは日々プロジェクトページを訪れる人数や滞在時間、そのうち何人がいくらの寄付をしているかといったデータをとっているからだ。

見ている人は見ている。これも実に示唆に富む。なんだか人生の指南のようだ。目立たなくてもとにかく地道にやり続けること。誰かがきっと見ている。

そして最後もあきらめてはいけない。ラストスパートで一息に駆け抜けるのだ。

「最後、一気にたたみかけるようにするんです。すごい熱量、アドレナリン噴出です（笑）。そのためにも途中のメンテが必要なんです」

たとえば、地方テレビ局のディレクターが、放射能汚染と被曝問題をテーマに映画を製作し、米国で上映活動をしたいというプロジェクトを行った。目標額が1000万円で3カ月間。達成したのは期限の9日前だった。そこでネクストゴールを1500万に引き上げた。そこまでは到達しなかったものの、9日間で350万集めた。まさに最後の駆け上がりである。

スタートダッシュ、そして中だるみをせずまめに更新し続け、最後もまたスパートをかける。蛇足だが、選挙に似ている、と思った。選挙ではまず「第一声」に注目が集まる。何を争点にするか、有権者に何を語りかけるか。それから中だるみしそうになっても陣営を引き締めて、緊張感を持って日々キャンペーンを続ける。そして最後、最後の一分一秒まであきらめない。「あと一票、あなたのその一票が必要なんです」という「最後のお願い」だ。選挙でも最後の最後、奇跡の大逆転はある。

さらに蛇足だが、クラウドファンディングのプロジェクト実行者に必要なことは、政治家に求められる資質と似ているように感じると先述した。それに加えて、プロジェクトページのテーマ設定やコンセプト、ストーリーの書き方は、ジャーナリストとして記事を書く時に大切なことに非常に似ているように思える。この記事のテーマは何か、人の目を引く見出しとは何か、それからいかに具体的に記述していくか……。

蛇足ついでに筆者はプロボノでNPOなどに広報のやり方について教えることもあるのだが、そのときに強調するのは「いかに具体的に、目に見えるように、イメージがわくようにエピソードを説明するか」である。

READYFORで寄付が集まるようなプロジェクトページを作る時に大切なことは、それと同じだと感じた。これが成功していると、小谷さんが言うように寄付も集まる。第2章で取り上げたプラットフォームを利用していない難民支援協会のウエブサイトも、この「いかに生き生きと具体的に明確にエピソードを描くか」に成功したから、予想を超えて寄付が集まったのだ。

ふだんからいかにコミュニケーションをまめにていねいにとっているか。そしてわかりやすく伝える工夫をしているかどうか。その基盤として、自らのハラの奥底を見せ、人間性で勝負しているかどうか。いったんプロジェクトが始まったらまず猛ダッシュ、それからも途切れることなくキャンペーンを持続させ、そして最後まであきらめずにラストスパート。

営業にも選挙にも記者にも、そして人生にも通じそうなセオリーなのだった。

第5章

躍動する新たな取り組み

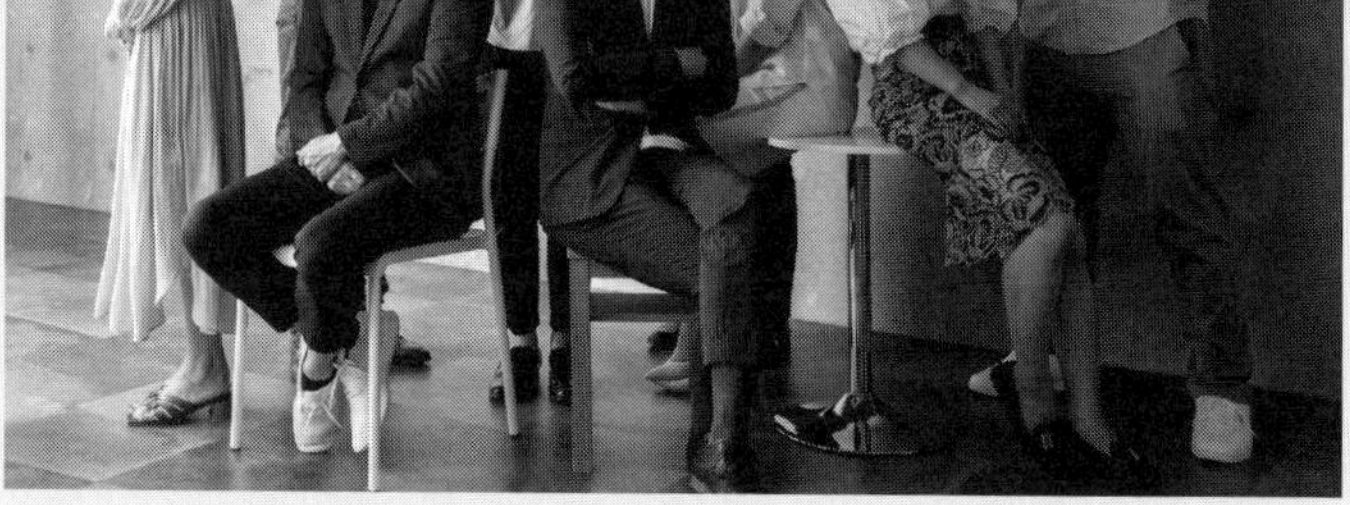
公共訴訟を支援するCALL4 ©神宮巨樹

コロナ禍を契機に始まった「基金型」

他の章でもふれたように、コロナ禍を契機にREADYFORで始まった新たな寄付の形、取り組みがある。それは「基金型」だ。個々のプロジェクトではなくて、基金に一括してまずは寄付をして、どこにそのお金がいくかは、コロナ対策に取り組む団体の活動を公募する。その活動の中から専門家による委員会が助成先を決めるというやり方だ。

READYFORのコロナ対応は素早かった。同社のCEO、米良はるかさんが新型コロナウイルスを強く意識しだしたのは2020年2月上旬。その頃、世の中のコロナをめぐる状況がどうだったかといえば、クルーズ船ダイヤモンド・プリンセス号で香港に帰国した客が感染していたと2月1日に香港政府が発表した、くらいの時期だった。

「これは深刻化するかもしれない。自分たちのできることは何だろう？」

そう考えた米良さんは早速リサーチを開始し、安倍晋三首相（当時）が大規模イベントの自粛要請をした翌日の同月27日、中止を余儀なくされたイベントの損失を支援するプログラムを始めた。

子ども向けの舞台芸術フェスティバル、大学生のダンスサークル公演、イタリア料理とワインの展示会など、6月中旬までに約40件が公開され、総額で約４４００万円のお金が集まった。このプログラムに大きな反響があったこともあり、４月３日からは３カ月の予定で医療や福祉などコロナ禍に対し現場で活動する人を支えようと、米良さんは「新型コロナウイルス感染症：拡大防止活動基金」を設立した。

この基金は、１週間という驚くべき短期間で仕組みを構築した。

基金型そのものは、米良さんが病気から復帰した２０１８年から仕組みを考えていたという。

「病気から復帰して帰ってきた時に、もっとお金の流れを長期に持続的にするために、基金型を作りたいと思っていたんです。支援したい、寄付したいと思う人はいても、どこにしたらいいのか見つけにくい、という声を聞いていたので。10年やってきていろいろなネットワークもできていたし。準備は少しずつしていたけれど、結構大変なのでいつ踏み出すのか躊躇していたんですね」

そこにちょうどコロナ禍が起きたのだった。

「コロナに対して、今自分のできることとしてお金を出したいという人は多かったと思うんです。でも、お金を集めるにはそれなりの準備期間が必要ですが、コロナに対応している人たちは忙しくて、プロジェクトを公開し、支援集めをしている時間はない。すると需要と供給のタイミングがずれてしまう。お金を出したい人の気持ちにすぐ応えられるためには私たちがマッチングする意味があると考えたんです。1週間で仕組みを作りました」

ネットワークだけではない、さまざまなこれまでのノウハウもこの驚くべき即応性のために生きた。たとえば、企業と組んだSDGs。ここでは、応募してきた団体の中から審査をするが、基金でも同じ座組みをとることになったのだ。

結局この基金は12月末まで8カ月続き、8億円を超える寄付が寄せられ、165件の活動に助成が行われた。コロナ基金のプロジェクトページを見れば、どこにいくら助成をし、その団体がどんな活動をしているのかがわかる。

たとえば、医療従事者それぞれにカスタマイズしたフェイスガードを大学と連携して3Dプリンタで作成／提供する団体、オンライン医療通訳で医療機関と在日外国人をつなぐ団体、入院中の子どもたちにオンラインで学びや遊びの機会を提供する団体など、一口にコロナの拡大防止といってもじつにさまざまな活動がある。

そしてそのいわば続編として、21年1月には「新型コロナウイルス感染症：いのちとこころを守るSOS基金」が発足した。3月下旬までに2415人から8千百万円あまりの寄付が寄せられ、34団体に配分された。公募したプロジェクトは23億円分だったというから、ニーズは本当に大きかったわけだ。

米良さんは今後もこの「基金型」に力を入れていきたいという。

「基金は、寄付による支援の体験の窓口となると思います。もしそれで寄付して良かったな、と思えたら継続してもらえたら。READYFOR に行けば、いまお金を必要としているところがわかって、正しく気持ちの良いお金の使い方ができる。そんな体験を提供できたらと思っています」

確かに、第9章で詳述しているように、基金型は寄付の初心者にもハードルが低く、安心かつ気軽に参加できるようだ。

しかし、8億円もの寄付が寄せられたのは、予想外のことだったという。

「このコロナ基金を始めた時は、READYFOR でもまだ1億円を超えたプロジェクトはありませんでした。だからとにかくまずは1億円をめざそうということで、これまでの英知と経験を結集し、知見を詰め込んでプロジェクトページを作り込みました」

その英知と経験がどんなものかは、詳しくは第4章を読んでほしい。

READYFORと中央共同募金会の提携

「基金型」の一環として、READYFOR はさらに2021年1月、寄付界の「巨人」と提携を始めた。

「赤い羽根」でおなじみの中央共同募金会だ。READYFOR と共に、災害の緊急支援を目的に「READYFOR×ボラサポ災害支援基金」を発足させたのだ。

日本で近年頻発する自然災害の際、被災地で復旧や復興活動を行うＮＰＯなどの団体に対し、速やかに支援を行う仕組みだ。もともと中央共同募金会が２０１８年から常設で「災害ボランティア・ＮＰＯサポート募金（ボラサポ）」を設けていた。平常時から企業や個人、団体から災害が起きた時のための寄付を受け付けているが、支援団体は災害発生後に募集・審査の上決定し、基金から助成を行う。

新たなREADYFORとの連携はこの一部を形作るイメージだ。

災害ごとに寄付を募集する。支援団体は登録制で、一年ごとに更新する。すでに８団体が決定した。寄付する企業はパートナー制をとる。

何か災害が起きたら、READYFORのサイト上で基金への寄付を呼びかける。登録団体は「こういうことをするから、いくらくらい必要だ」と明らかにする。たとえば、豪雨災害で避難所を運営しなければならないから、その設営や緊急援助物資で５００万円必要だ、被災した家屋の洗浄に５００万円必要だ、というふうに。通常のクラファンのプロジェクトのイメージだ。単に「災害だからお金が必要」というよりも、より具体的にお金が何に使われるのか明確だ。寄付は社会福祉法人の中央共同募金会の財布にいったん入るため、寄付控除も受けられる。協定を結んだ企業は従業員寄付などを行う。現在、アサヒグループホールディングス、オムロン、第一生命など10社が参加している。

仕組みもさることながら、注目すべきは70年以上続く伝統ある中央共同募金会と、10歳になったばかりのぴちぴちのスタートアップであるREADYFORが手を組んだことだ。歴史も仕組みも体質も違う。しかし、向いている方向は同じ。「人々の寄付によって社会貢献を行う」だ。ここに何か化学反応、イノベーションが生まれそうだが、なぜ連携することになったのか。

それを探るためにも、中央共同募金会の歴史や取り組みを簡単に紹介しておこう。「赤い羽根」は知っていても、どんな組織で何をしているのか知らない人が大半だろう。つまり赤い羽根とは、言ってみれば誰もが知っているけれど、誰もが知らない寄付と表現できるかもしれない。

中央共同募金会は1947年に設立された。社会福祉法人であり、民間の事業として始まっているが、当時の厚生省の主導だった。その頃日本は言うまでもなく1945年の敗戦の痛手から立ち直る途上だった。街には戦災孤児が多くおり、彼らの住む施設も必要な状態だった。

しかし、新たに制定された日本国憲法では89条で「公金その他の公の財産は、宗教上の組織若しくは団体の使用、便益若しくは維持のため、又は公の支配に属しない慈善、教育若しくは博愛の事業に対し、これを支出し、又はその利用に供してはならない。」と規定された。

つまり、税金を戦災孤児施設のような慈善事業に使ってはならない、と定められたのである。

そこで民間でお金を集める必要が出てきた。米国にも共同募金のような仕組みがあり、寄付がさかんに行われていた。そこで当時の厚生省の担当者が米国の様子を視察し、日本はまだ占領下にあったため、ＧＨＱの助言もあって中央共同募金会が設立された。

その後１９５１年に定められた社会福祉事業法（２０００年に社会福祉法と名称を変更）で、共同募金は「都道府県の区域を単位として、毎年一回、厚生労働大臣の定める期間内に限ってあまねく行う寄附金の募集」と規定され、共同募金会も「共同募金事業を行うことを目的として設立される社会福祉法人を共同募金会と称する」「共同募金会以外の者は、共同募金事業を行ってはならない」と定められている。

寄付金の配分についても規定がある。ちなみに「共同募金は、寄附者の自発的な

郵 便 は が き

お手数ですが
切手をお貼り
ください。

１０２－００７２
東京都千代田区飯田橋３－２－５
㈱ 現 代 書 館
「読者通信」係 行

ご購入ありがとうございました。この「読者通信」は
今後の刊行計画の参考とさせていただきたく存じます。

ご購入書店・Web サイト		
書店	都道府県	市区町村
お名前《ふりがな》		
〒 ご住所		
ＴＥＬ		
Ｅメールアドレス		
ご購読の新聞・雑誌等		特になし
よくご覧になる Web サイト		特になし

上記をすべてご記入いただいた読者の方に、毎月抽選で
５名の方に図書券５００円分をプレゼントいたします。

お買い上げいただいた書籍のタイトル

本書のご感想及び、今後お読みになりたいテーマがありましたらお書きください。

本書をお買い上げになった動機（複数回答可）

1.新聞・雑誌広告（　　　　　　　　）　2.書評（　　　　　　　）

3.人に勧められて　4.ＳＮＳ　5.小社ＨＰ　6.小社ＤＭ

7.実物を書店で見て　8.テーマに興味　9.著者に興味

10.タイトルに興味　11.資料として

12.その他（　　　　　　　　　　　　　　　　　　　　）

ご記入いただいたご感想は「読者のご意見」として、 新聞等の広告媒体や小社 Twitter 等に匿名でご紹介させていただく場合がございます。
※不可の場合のみ「いいえ」に○を付けてください。　　　　　いいえ

小社書籍のご注文について（本を新たにご注文される場合のみ）

●下記の電話や FAX、小社 HP でご注文を承ります。なお、お近くの書店でも取り寄せることが可能です。

TEL：03-3221-1321　FAX：03-3262-5906
http://www.gendaishokan.co.jp/

ご協力ありがとうございました。
なお、ご記入いただいたデータは小社からのご案内やプレゼントをお送りする以外には絶対に使用いたしません。

協力を基礎とするものでなければならない」「国及び地方公共団体は、寄附金の配分について干渉してはならない」との条文もある。つまり、共同募金は法で位置づけられたものだが、あくまでも寄付は個人の自由な意思で強制されるものではないし、寄付をどう使うか、どこに助成するかについて国や自治体が口出ししてはならないと強調されているのだ。

国が強く関与して誕生したために法律で位置づけられている。しかし、募金という性質上自発的なものでなければならない、といういわば矛盾する側面を赤い羽根は最初から内包していたといえるかもしれない。

共同募金の伝統的な手法であり、現在でも一番メインの集め方は戸別訪問だ。募金の7割にのぼる。自治会単位で募金が回ってくるが、近所の人に戸別訪問を受けた経験がある人は多いのではないか。だが、現在都市部では行われなくなっている。筆者も20年以上都心部で暮らしているが、共同募金が回ってきたことは一度もない。

中央共同募金会の担当者は「都市部では共同募金の戸別訪問をすると立腹されることもある」という。だが、「地方ではまださかんに行われている」のだ。「なので、都市部から地方に引っ越されて、共同募金が回ってきて驚いた、という話をよく聞きます」という。

その額、2019年度で90億円。これが募金額の52%を占め、他に法人16億円、歳末たすけあい（年末になるとよく呼びかけられているものだ）が23%で40億円、などになっている。総計173億円だ。募金が1947年に始まって以来の総額を足し上げると1兆円にのぼるという。

日本の個人寄付の規模は、日本ファンドレイジング協会によれば、2016年で7756億円。これには企業の寄付は含まれていないが、やはり赤い羽根が日本の寄付界の巨人であるとはいえるだろう。

ただ、赤い羽根の募金額も1995年の265億円をピークに減少を続けている。「自発的な意思による募金ではない」「よくわからないけど回ってくるから寄付をしている」「募金の使い道がよくわからない。決め方も透明性に欠ける」といった批判も根強い。そこでもっと寄付の集め方や使い道を見えるようにしようと、これまで3次にわたり委員会を設けて改革を行ってきた。

その一つが「テーマ型」の募金だ。

緊急に解決すべき地域の課題を都道府県別に共同募金のテーマとして掲げ、その課題解決に取り組む団体が自分たちの活動を伝えて、募金を呼びかける。「どこにどんなふうに使われるのかをできるだけクリアにしたい」(中央共同募金会の担当者)という取り組みだ。2009年に広島県の共同募金会で始まり、2020年には38の都道府県で222のプロジェクトが行われた。プロジェクトは公募と、募金会から呼びかける場合と両方ある。

たとえば岩手県宮古市の社会福祉協議会は、社会的に孤立している高齢者の居場所作りとして月1回食事会を行ってきた。参加者は自分たちで食事を作り、地域の人たちと一緒に食べる。参加した高齢者が非常に生き生きとしていることから、「役割を持つこと」「人とつながること」が大事だと感じ、同社協はカフェ作りをすることを決めた。これをプロジェクトとして募金を呼びかけ、目標額が50万円のところ107万円が集まった。このお金はいったん募金会を経由し、107万円全額が助成された。

このテーマ型募金は、個人や団体がプロジェクトを掲げて寄付を募るクラファンに非常によく似ている。そして今度は共同募金がクラファンと一緒に事業を行うわけだ。

担当の笈川卓也さんはもともと秋田県の共同募金会に勤めていた。募金を集め、分配する現場にも詳しい。笈川さんは、READYFORとの提携について「この10年ほど、個人や団体が直接寄付を呼びかけて、そこに共感してお金を出すクラウドファンディングが急速に伸びてきました。でもその一方で、寄付する側にとっては、どこがちゃんとしている団体かわからず、難度が高い面もあると思うんです」

確かに第9章で詳述するように、第一生命でコロナ基金を募集した際に、初めて寄付を経験した初心者の人たちは「基金だったら安心して寄付できる」ことを理由に掲げていた。

「私たちは基金型というか、募金という大きな受け皿で、そこから助成をするということを長年行ってきました。助成の適正な配分に労力とコストをかけており、いわば基金型のプロフェッショナルです。READYFORは個々のプロジェクトの見せ方やストーリーの作り方は非常に洗練されており、お互いにあれこれ学べると思います」

コロナ禍を契機にREADYFORが乗り出した「基金型」は、赤い羽根の共同募金が長年取り組んできた方式といえる。事前に大枠の目標額はあるものの、いったん集めてから具体的な助成先を決めて配分する、というわけだ。READYFORの場合、助成先は公募であり、基金でも大きなテーマは最初から決まっている。

歴史と伝統ある赤い羽根と、最先端のスタートアップが「寄付」で手を組むというのは非常に興味深く、何かが生まれそうな取り組みだ。

READYFORのCEO、米良はるかさんは「私たちもいくつか災害支援の取り組みをサポートしてきましたが、中央募金会のようなノウハウや実績はまだない。そこは長年助成をしてきた中央募金会に学びたい」という。

さらにREADYFORは2021年4月から、遺贈寄付や生前寄付をしたい人の相談窓口を設置した。NPOや大学などに自分の亡くなった後に残る遺産の寄付をしたいがどこにしたらよいかわからない、と言う人のために相談に乗る。遺言書の作成や保管、執行にあたっては三菱UFJ信託銀行と提携をした。

「公共訴訟」を支援する「CALL4」

クラファンを組み込んだ、ソーシャルな新たな動きも始まった。2019年に立ち上がった「ＣＡＬＬ４」は、社会問題の解決をめざした訴訟を支援するウエブプラットフォームだ。社会問題の解決をめざした訴訟、とは身の回りの政策や制度、仕組みについておかしいと思って起こした訴訟のことだ。ＣＡＬＬ４ではそれを「公共訴訟」と呼んでいる。

たとえば、ハンセン病の患者は病気の治療法が確立された後もずっと隔離されていた。これはおかしい、と国による補償を求めて訴えを起こした。その結果、国が謝罪し補償を行うことになった。あるいは、海外に住む日本人は長い間、日本国内で行われる一部の選挙の投票権がなかった。すべての投票権を求めて国を相手取って訴訟を起こした人たちが勝訴し、今では駐在や留学で海外にいてもすべての選挙の投票ができるようになった。

ＣＡＬＬ４が対象とするのはこんなふうに国や自治体を相手取った訴訟なのだが、支援の一つとしてクラファンによる経済的サポートがある。訴訟をするには、弁護士費用や書類の準備などなんだかんだとコストがかかる。そのお金を広くクラファンを募って訴訟の費用にあてる。

加えて、裁判の過程ではいろいろな書面が登場する。原告側が提出したもの、被告側が提出したもの。ＣＡＬＬ４は、これらの書面も基本的に公開している。これまで私たちはこういった書面について、報道を通じてしか知ることができなかった（ちなみに報道メディアは裁判所などから文書を入手してエッセンスを報じる）。

具体的な事例を見てみよう。

20年３月、同性どうしの婚姻が認められないのは憲法の「婚姻の自由」に反するとして国に損害賠償を求めた訴訟の第一審判決があった。判決は同性婚を認めていない民法の規定が憲法14条の「法の下の平等」に反すると認めた。

ＣＡＬＬ４はこの案件も支援していた。北海道内の同性カップル３組が訴訟を起こしたのだが、クラファンでは２００万円を目標に資金を募集した。「訴訟資料」というところを見ると、第１回、第２回、第３回……とそれぞれの裁判で使われる原告、被告が準備した書面が全てアップされている。この書面をもとに裁判所はどちらの言い分が合理的か判断をする。これらを読めば原告や被告の主張、それぞれへの反論なども追っていくことができる。

さらに、訴訟を起こした人たち（原告）がどういう人たちなのか、なぜこの訴訟を起こすことになったのかについて記した「ストーリー」も紹介されている。

なぜこの活動を始めたのか、代表の谷口太規さんに聞いた。

谷口さんは1978年生まれの弁護士だ。

「そもそも、司法、裁判がもっと多くの人に使われるように身近にしたい、というところから始まったんです。私たちは裁判をマスメディアを通じてしか知ることができなかった。多くの場合、提訴した、という始まりとこういう判決があった、という終わりだけ。勝った負けただけしか報じられませんよね。でも社会の重要なことを科学と論理と合理性に基づいて議論している、その過程にも大きな意味があるのではないか、と思ったんです」

谷口さんがこの着想を得たのは2015年から米国ミシガン州に留学した時のことだ。大学院で学位（ちなみにこれが法学のロースクールではなくて、ソーシャルワークだった、というところが谷口さんの弁護士としての姿勢を表しているように感じる）を取り、それから弁護士事務所で働いた。

「驚いたのが、裁判で使われる資料は全部ネットで手に入るし、裁判自体もストリーミングでどこにいても全て見られるんですよ。訴訟は可視化されればされるほど、合理的な説明が必要になりますよね」

そのときに谷口さんが思い出したのが、司法修習生の時に研修でついた弁護士のことだった。その弁護士はハンセン病訴訟に関わっていた。前述したように、治療法が確立されたあとも隔離政策がとられ、人間の尊厳がおかされたとして国に謝罪と損害賠償を求めたものだった。ハンセン病の元患者には、日本の統治下にあった韓国人や台湾人の人もいた。彼らは日本のハンセン病補償法の対象外になっていたのが、それを争って対象となるよう認めさせたのだった。

弁護士は韓国や台湾に通って患者と会い、訴訟を進めていったのだがすべて自費でまかなっていた。

「本当に偉いな、聖人のような人だなと思ったんですが、一方でこれは持続可能じゃないという気持ちもあって。一部の人の犠牲に基づいて社会のゆがみを直す、って変じゃないかと」

谷口さん自身も米国留学の前に過労で二回倒れ、入院したことがあった。

「米国のシステムを見て、根性でがんばるよりもシステムを変えないとゲームチェンジャーになれないと感じたんです」

そこでCALL4を立ち上げた。名前の由来は「〜を呼び起こす」「〜を必要とする」という意味の英語の〝call for〟という熟語から。立法、行政、司法は三権といわれるが、「社会を形作る四つ目の力として市民の力があるはず」と考えるからだ。四つ目の力を呼び起こす、という意味で、〝four〟の代わりに、〝4〟という数字にした。

扱うのは国や自治体が相手の訴訟のみだ。国や自治体ならば書面も公開できるが、民間が相手だと公開するのが難しい場合もあるからだ。直接の弁護士の紹介はしておらず、CALL4に相談するのは弁護士がついてから、という仕組みだ。

「日本は、声をあげることへの嫌悪感もあって、原告は孤立してしまうこともあるんです。でも勇気を出してこういう声をあげた人がいる、ということを見せることができる」

そこにクラファンでお金が寄せられるということは、これだけ応援している人がいるというメッセージにもなる。定年を目前に、教員の長時間労働是正のために訴訟を起こした公立小学校の先生がいる。朝から晩まで働きづめで、非常に長い時間外勤務がある。それなのに労働者として保護されておらず、残業代も出ない。「こんな状況は、私たちの世代で終わりにしたい」という思いからだ。訴訟提起からしばらくして、若い世代を中心に訴訟をサポートし、署名や広報の活動を通じて超勤問題の議論を広める「支援事務局」ができた。訴訟や広報の費用をまかなうためのクラファンも行われ、100万円の目標額に対して、ほぼ満額の98万円が集まった。

CALL4は裁判支援にできるだけお金を回したいということで、クラファンの手数料はとらない。CALL4の運営主体はNPO法人化の手続きを進めているが、運営費用は寄付でまかなう予定だ。ウエブサイトはとても見やすく、おしゃれでかっこいい。「司法」「裁判」からイメージする堅さは全くない。「司法、裁判の持つネガティブなイメージを変えたかったんです。デザインには気を配っています」

政治家によるクラウドファンディングも始まっている。

「日本初、クラウドファンディングで政党をつくろう！　音喜多新党、始動」

2018年9月、当時東京都議会議員だった音喜多《おときた》駿氏がクラファンのプロジェクトを立ち上げた（利用したプラットフォームはREADYFORではない）。「都議会議員の音喜多駿が、新たな政党を立ち上げて日本の政治を変えることに挑みます」「なんで今の政治は、こんなことすらできないんだ……」「そんな諦めを吹っ飛ばす、歴史的瞬間をみんなで創り上げてみませんか？」と呼びかけた。「来年の統一地方選で首長・地方議員候補を多数擁立していきたい」「新党1年立ち上げにかかる費用は最低でも1000万円ほどかかる見込み」として「広報用レンタカー：150万円」「ホームページ作成：60万円」「広報物制作費：200万円」「供託金：600万円」と具体的な内訳を列挙。

そして、クラファンをする理由を「確かに選挙に勝つためには多大なお金が必要」「政党運営資金をしがらみのない形で集めなければなりません。選挙を恐れずに政策を堂々と主張できる政党だけが、政治を変えることができるのです」「そのために私は、クラウドファンディングという形でスタートアップの資金を集めることにしました。「しがらみ」ではなく、一人ひとりとの「つながり」によって力を結集することで、新しい未来を切り拓いていきたい」と説明している。

目標額は300万円を掲げたが、最終的に1034人から1187万円余りが集まった。音喜多氏はこれを、自身の資金管理団体の政治資金収支報告書に、「事業収入」としてクラファンの手数料を引いた985万円あまりを計上している。寄付をした人の氏名や金額は記載されていない。

政治資金集めについて規定している政治資金規正法はクラファンでの資金集めを

想定しておらず、これは今後議論が必要なことだろう。政治家に寄付をした場合、年間5万円を超えると、寄付をした個人や企業の名前を収支報告書に記載しなければならない。事業収入には、たとえば政治資金パーティーの売り上げがあるが、20万円を超えてパーティー券を購入すると収支報告書に氏名や金額を記載する義務がある。政治と金の透明化を図るためだ。

しかしクラファンだとそういった内訳はわからない。音喜多氏はクラファンのサイトで「今回のクラウドファンディングによって集めることができた支援額の使途にあたっては、法律で定められた以上の透明性をもってネット公開し、公明正大な党運営を行うことをお約束いたします」と書いている。その後、音喜多氏は地域政党「あたらしい党」を旗揚げし、代表に就任した。新しい党のウエブサイトでは収支報告を載せている。が、それが「法律で定められた以上の透明性」なのかどうか。話を聞きたいと思い、メールで問い合わせをしたが、本の校了までに返信はなかった。

音喜多氏は2019年の参院選で東京選挙区から日本維新の会公認で出馬し当選。2021年2月にはあたらしい党代表を辞任している。

より事業性の強いクラファンは、他の政治家も行っている。

北九州市議の大石仁人さんは今年7月、「島でのサバイバルキャンプ実施費用」として100万円を目標額とするクラファンを実施した（プラットフォームはREADYFORだった）。体育教師出身の大石さんは、子供の外遊びクラブを主宰しているが、そこで「不便を楽しく乗り越える」力をつけようと、サバイバルキャンプを実施する事に決めた。その費用をクラファンで集めたのだ。

結果、55人から105万円余りが集まった。資金はテント、マッチ、ナイフなどキャンプに必要な備品の購入や備品保管倉庫の費用などとしている。これは額もそう多くなく、何に使うのかも、もともとよりはっきりしているケースといえるだろう。政治家、特に地方議員のこの種のクラファンは今後増えるかもしれない。

CALL4が生まれてきたように、社会課題とクラファンにはまだまだバリエーションがあるかもしれない。新たな動きから目が離せない。

第6章

クラウドファンディングによる草の根民主主義

チャンス・フォー・チルドレンの挑戦

経済的な困難を抱える子どもたちの
相談に乗る大学生のメンター

©Natsuki Yasuda / Dialogue for People

政策の実証実験……予算はクラウドファンディング

今の社会に何か問題が存在していると考える。それを解決して、社会をこんなふうにしたいというビジョンがある。それにはお金がかかるが、予算がない。そこでクラウドファンディングで活動資金を募る。ＮＰＯや社会的企業など、社会課題の解決に取り組む団体の多くがやっていることだ。だが、それにひと味加えると、さらなる深みと広がりが生まれる。

そういった団体はまず、自分たちの手の届く範囲の「社会」で問題を解決する。たとえば、地域で介護が必要なお年寄りがいるから世話をする。路上生活をしている人がいるから助ける。国際的な活動だって同じだ。当たり前のことだが、いきなり全世界を相手にするわけではなく、たとえば児童労働をなくしたいと思ったら、まずはインドのある地方の一つの村で挑む。

限られた地域で始めて、そこがうまくいったら少しずつ活動範囲を広げていく。団体はそれにつれて大きくなるだろうし、あるいは一つの団体だけでなく、他の似たようなことに取り組む団体とパートナーを組んで、各地で行うことも可能になるだろう。

しかし、活動をさらにスケールアップさせて、隅々まで行き渡らせる方法がある。それが何かと言えば、自治体あるいは国の政策にしてしまうことである。社会課題に取り組む民の活動から始まり、政策に取り入れられたこと。たとえば、介護保険の仕組みがそうだ。

介護のメニューは、たとえば入浴介助やトイレの介助など細かく細分化、点数化されている。これはもともと、東京都の日野市で高齢者のケアに取り組んでいた石川治江さんという女性が編み出した手法である。介護の質を高めたいという思いから標準化を考えついたのだ。これが非常にすぐれているというので厚生省（当時）の官僚が聞きつけ、石川さんのもとを訪れて活動を視察、話を聞いたうえで拡充、システム化して国の制度に取り入れたのである。

このように政策として制度化すれば、自治体の、あるいは全国のすみずみに課題解決が行き渡ることになる。だから、社会課題解決に取り組む団体のなかには政策提言やアドボカシーなどといって、自治体や国の各省庁、地方議員や国会議員に働きかけを行っているところもよく見られる。

といっても、ことはそう簡単ではない。

政策を作る当事者である官僚や自治体職員、地方議員、国会議員といった政治家たちを納得させなければならない。そのためには、解決のモデルと成果を明確に示したほうがはるかに説得力があるだろう。こうすればいいと理想論や机上の空論だけを言っていてはダメで、結果を出し、それをデータとして示す必要がある。

さらに予算という壁がある。たとえその問題解決が優れているとわかっていても、国や自治体の予算は限られている。今でも官僚や自治体職員によって考案された政策で実現していないものはたくさんある。そこに入り込む余地は、ほとんどない。

だが、そういう団体の強みは現場を熟知し、問題に長く取り組む専門家だということである。だから、なんとかしてそれを生かして政策化できないか——。

そこで力を発揮できるかもしれないのが、クラウドファンディングなのだ。

まずはクラウドファンディングをしてお金を集めて、その予算のもとに自分たちの解決モデルを政策を作る人たちに見てもらう。実際に問題の解決に向けて進むことができた、成果があったと納得させることができれば、政策化への突破口ができるかもしれない。いわば、クラファンを予算に政策の実証実験、モデル事業をするイメージだ。

それに、クラファンでお金を集められるということ自体が、多くの人の共感を得ていることを示す証しにもなるだろう。この事業を支持している、実現してほしいからお金を出す。公的なこと、政策は税金でまかなわれているわけだが、社会課題の解決に取り組む活動のクラファンにお金を出すことは、自ら進んで税金を出すようなものかもしれない。

税金を「とられる」という言い方をよくする。本当はお金を出したくないのに、国民の義務だから仕方なく嫌々出す、という気持ちの表れだ。増税は勘弁してほしく減税は大歓迎。多くの人にとってそうだろう。だから、消費税の増税が選挙の争点になるし、政治にとってはずっと大きな課題なのだ。

けれどもクラファンに参加する場合は、自ら進んでお金を出すということだ。この課題解決への取り組みに自分のお金を使ってほしい、と。税金をとられるという発想とはまったくベクトルが逆なのである。政策を自ら選び取って、そこに自分のお金を出す。

これがさらに進むと、税控除の話になる。今でも一定の条件を満たしたＮＰＯは、「認定ＮＰＯ法人」といって、そこに寄付した人は最大で半分程度の税控除が受けられる。すなわち、税金が半分ほど戻ってくる（ちなみにこれのさらなる進化形がふるさと納税で、払った額から２０００円を差し引いた分が戻ってくる。ふるさと納税は一時期よりはおさまったとはいえ景品競争になっている感があり迷走気味だが）。

寄付控除がもっと進めば……控除の割合が増えたり、対象のＮＰＯが増えれば……寄付はもっと増えるだろう。実際、２０１１年にはＮＰＯの寄付税制が改正されて、寄付控除が大幅に増えて、現行のように最大で寄付額の半分程度となった。また、控除が受けられる対象となる認定ＮＰＯ法人となる条件も緩和された。その結果、日本ファンドレイジング協会が出している「寄付白書」によると、個人寄付額の推計総額は２００９年の５４５５億円、２０１０年の４８７４億円から２０１６年は７７５６億円となり、控除が増えた後で寄付額は一定程度増加している。

自分の気になる社会課題に取り組むNPOに寄付をするということは、言ってみれば自分たちの好きな政策にお金を出せるわけで、政策への当事者意識、自分ごと感も増すのではないか。どのように使われたかだって気にするに違いない。実際、クラファンでは集めたお金をどう使ったか、の報告も出している。「無駄遣い」への監視の目は、税金よりももっともっと厳しいのではないだろうか。

もちろん、税金を全額こんなふうにしたらいいとは思わない。けれども、自分たちの身近な身の回りの政策については、もっとNPOへの控除を広げていわば政策を選んで、使い道も自らモニターする、というふうにしたほうが、公的なお金の使われ方をみんな気にするようになるし、政策の健全な競争のようなことも起こるのではないだろうか。

話を元に戻す。

クラファンでお金を集めて社会課題の解決に取り組み、そのやり方やプロセスを見せたうえで政策に取り入れてもらう。

こんな活動が、実は日本でももう始まっている。

成果は各種データなどで示す。それを政策形成の当事者、官僚や自治体職員や政治家に見せて得心を得た上で政策化する……という試みだ。

これはちょっと大風呂敷を広げれば、クラファンによる、下からの草の根民主主義の実践ではないだろうか。日本の政策形成のあり方のある種のモデルになるかもしれない。

さきがけともいえる団体の活動を紹介して、彼らが何をどんなふうに、なぜしたのか、そしてどうやったら成功したのかを探りたい。

チャンス・フォー・チルドレンの挑戦

日本では現在、子どもの7人に1人が、貧困家庭で育つと言われている。公益社団法人のチャンス・フォー・チルドレン（CFC）は、そんな経済的に困難を抱える子どもたちに、塾や習い事で使える「スタディクーポン」を提供する活動をしている。小中の学校の授業は義務教育だから受けられる。でも放課後や週末に通う場所、となると残念ながら親の経済力で差が出てしまうのが現実だ。裕福な家庭の子は塾にスイミング、そろばん、と毎日大忙し。でもそうではない子どもたちは……。学力や体力に差がつき、絵や音楽の才能があっても伸ばすことができず、将来に希望が持てなくなってしまう。

年に15万〜30万円ほどに相当する額を支給するクーポンでは、塾やピアノ、サッカー教室や習字やキャンプなど、協力する事業者の中から自分の好きな「学校外教育」のメニューを選んで通える。といっても、どこに通ったらいいか、どう勉強したらいいかわからない子どもたちもいるので、そこは大学生のお兄さん、お姉さんたちが「メンター」として付き、あれこれと相談に乗るシステムだ。

もともとは２００９年に、他のＮＰＯのプロジェクトの一環として始まったものだった。11年の東日本大震災をきっかけに、被災地の子どもたちを対象に一つの独立したＮＰＯとして再スタートした。最初に希望者を募集した11年9月には、１５０人の枠に１７００人が殺到した。18年度には５００人の子どもたちが利用した。

ＣＦＣの代表理事を務める今井悠介さんは、大学時代に不登校の子どもたちのキャンプにボランティアとして参加したのがきっかけで、子どもの支援に取り組み始めた。

「初めはまったく表情がなかった子どもたちがやがて口を開き、笑い、表情がどんどん生き生きと変わって、行動もぐんぐん積極的になっていくんです。それがもう本当にやり甲斐があって」

大学卒業後、いったんKUMONに就職して企業の教育現場の経験を積んでからNPOを立ち上げた。

「子どもたちにはクーポンを通じて様々な大人や仲間と子どもたちが出会い、学びや体験の機会を得てほしい。生まれた環境に関係なく、希望を持って学び続けられる社会をつくりたいです」

被災地に加え、関西でも生活保護世帯の子どもたちを対象に事業を行ってきた。2018年度には44人の子どもたちが利用した。テレビでクーポンを知って応募したシングルマザー家庭の高校三年生が、塾に通って希望の大学に合格したこともある。活動の財源は、主に財団からの助成や個人寄付でまかなっている。

さらに、自治体にクーポンを制度として行うようにはたらきかける政策提言の活動もしている。ここからが政策提言とクラファンの話だ。

「1回クーポンを配ってそこで成果があったとしても、安定的に実施していくには政策として制度化しないと続かない。ですから、最初から政策化してほしいという考えはありました」

　対象は渋谷区に定めた。

「僕たちはもともと東北で活動をしていたわけですが、子どもの貧困や教育格差の問題は、東北特有の課題ではなく、日本全国で共通の課題です。だったら、日本のど真ん中で事業を作り、多くの人に課題を知ってもらって、それから解決策を全国に広げていく形にしないとダメだと思いました。それで東京に持ってこようと」

　東京の中でも、なぜ渋谷区に？

　まずは、渋谷区に貧困の問題が存在しているということが第一の理由だった。

「渋谷区は高所得者が多いですが、そんな中にも貧困の問題は存在しているんです。むしろ子どもたちの間には圧倒的な格差があります。相対的貧困の辛さ・しんどさは、他者との比較によって生まれます。渋谷のような、大きな格差の中で生活していくことはとてもしんどいことで、意欲を保ち続けられる子ばかりではありません。こういった日本の相対的貧困のしんどさを象徴したエリアでもあると捉えていました」

　加えて、渋谷区の長谷部健区長がＮＰＯとの協働に積極的だったということもあった。

「区長が、もともとＮＰＯ出身ということもあって、あるＮＰＯが主催したイベントに登壇して、『ＮＰＯと連携したいから、どんどん政策を提案してほしい』とおっしゃっていたんですね。そういう区長がいるならできるかなと思って」

長谷部健区長は区長になる前、ＮＰＯの「green bird」を作り、ゴミ拾いなどに取り組んでいた経歴の持ち主だ。今井さんが長谷部区長をイベントで見かけた一年ほど前に、渋谷区は全国に先駆けて同性パートナーシップ証明を始めていた。いわゆる「同性婚」を可能にしたのだ。

「そんなふうに新しい課題に対して区がアプローチをして、それが広がっていく発信地のようなところでもあった。そういう意味でも渋谷で始めるのはいいと思いました」

今井さんたちは、最初から区の予算でやってほしい、とは言わなかった。

「これまで東北で事業をしてきて、積み重ねてきた知見がありました。それを生かしたかったんです。もし最初から区の予算でやってしまったら、区の政策になってしまって、自分たちは口出しができない。ふるさと納税を使わせてもらえるといいなと思っていたんですが……。でも最悪、自分たちでお金を集めてやる覚悟を持って提案したんです。自分たちのお金でまず事業をやって効果を実証して見せて、そこに後から予算がついてくる形にしたほうが、自分たちの思う通りの制度にできるというか、主導権をとれるというか。そんなふうにできると思いました。一緒に寄付を集めてください、それでうまくいったらその翌年から予算化をしてほしいとお願いしました」

ここで要請をするときのポイントの一つが、自分たちの事業の効果があったのかどうか、最初から事業評価を合わせて行うと申し出たことだった。

実は、ＣＦＣでは13年から事業評価を行っていた。

自分たちの事業によって子どもたちの学力が上がったり、自信をつけたりすることができるのだとの実証を試みていた。そこには、ある大学教授との出会いがあった。

「慶応の赤林英夫先生が、学校外教育のバウチャー制度をやるべきだと書いている記事を見つけて。我々の事業を始める前からこういう主張をされていた先生がいるということで、ぜひアドバイスをいただきたいと思って、突然メールをお送りしたんです。それでお目にかかって」

赤林教授はすでにCFCの活動を知っていた。そしてこんなことを問いかけた。
「「あなたたちは、ドナー（寄付者）に対してどういう説明責任を果たすんですか」と。僕はそのとき正直言ってそこまで考えていなかった。確かに、それまで支援をした子たちも進学をしたりしているけれども、それが本当に我々の支援によってできたのか、それとも他の要因なのかも正直わからない。自分たちの活動の成果を寄付者に伝えていくこともできないと思う、と言ったんです」

そんなやり取りの後で、赤林教授に評価を依頼した。
「教授からは、「本当に、いいの？」と言われました。もしかしたら悪い結果が出るかもしれない。外部に評価を頼むとごまかせず、厳しい結果が出るかもしれない。でも同時に「日本のNPOでこういうことを言ってくるところはなかったので応援したい」とおっしゃってくれて。お願いしました」

結果はごく大まかに表現すれば、スタディクーポンを利用した子どもたちのほうが成績が上がった、というものだった。

並行してシンクタンクにも評価を依頼した。2014年から15年にかけて、三菱

UFJリサーチ&コンサルティングに事業評価をしてもらった。

「もともと同社とはプロボノとしてCFCの白書を作ってもらうなどお付き合いがあったので、せっかくなら継続的に何かしていただけたら、と思って。そこでも学力が上がったとか、学習時間が長くなったとかのエビデンスが出ました」

だから、渋谷区役所にも「東北ではこういう結果が出ていて、でも渋谷は渋谷でちゃんと評価をしますと依頼しました」。

そこから紆余曲折はあったものの、18年には渋谷区とCFCの「共同事業」として区の「お墨付き」を得ることができた。区立中学の三年生のうち、就学援助受給世帯と生活保護受給世帯の子どもを対象にすることにした。

「自分たちで集められるのは最大1000万円くらいかなと感覚的に思ったので、すると支援できる人数定員は50人くらい。渋谷区内の公立中学生の一学年は約600人ですが、区の就学援助受給率は約3割です。600人の3割は約180人。この180人のうち、約3割程度には支援を届けることができます。これくらいの規模感なら、自治体政策のスタートとして十分に成り立つと考えました」

プラットフォームを利用せず、自前で寄付を集めることも考えた。

「当時は自前のサイトでは、東北の寄付を募っていました。でも、もし自社で集めたら、東北と渋谷で「寄付が割れてしまう」ことを恐れました。つまり、これまでCFCの東北の活動に寄付してくれた人たちが、そのまま渋谷に流れると、渋谷の寄付は集まるかもしれないですが、東北の事業が小さくなってしまう。それは避けたいと思ったんです」

プラットフォームを選んだのにはもう一つ理由があった。「団体の枠を超えた活動にしたい」と思ったからだ。

「チャンス・フォー・チルドレンが中心となった「スタディクーポン・イニシアティブ」という、新しい建付けを作りたいと思っていました。一団体ではなく、教育格差をなくしたいという思いを共にする団体たちが一緒にやっている新しいプロジェクトだというメッセージを出したかったんです。他に教育支援をしているキズキ、起業支援をしているETICといったNPOや、渋谷区といった自治体も一緒にやっています、と。CFCという一団体だけだと、あのように大きな動きにはならなかったかなと思うし、自社サイトでは、団体の枠を超えた動きがなかなかできなかったかなと。結果的に、これまでCFCを支援してくれていた人たちだけじゃなく、多くの人が賛同してくれました」

プラットフォームとしてGoodMorningを選んだのは「手数料が安い」からだ。世の中に知ってもらうために記者会見を開き、イベントも行った。クラファンの期間中、今井さんは「お金が理由で塾へ行けない子どもたちにスタディクーポンを届けたい。みんなの力で教育格差をなくそう」と書いたボードを持ち歩き、会った人ごとにそのボードを持ってもらって写真を撮り、SNSにアップした。

その結果、750人から1400万円が集まり、クーポンを54人に配布することができた。

効果ももちろん測定した。プログラム評価の専門家である東洋大学の岩田千亜紀助教に依頼した。応募した家庭からはどういう困りごとがあるかも聞き取り、一人親家庭や貧困、不登校などの傾向もみた。事業者が集まっているかどうか、クーポンの利用率、学習意欲が半年でどうなったか、学習時間は増えたのか。成果はあったという結論になった。

その結果、翌年度の19年度は300万円の予算がついて区の単独事業となったのである。その間、区議会議員からは反対も出たが（区議会の質問で反対意見が出された）、賛同してくれる議員もいて、なんとか成就にこぎつけた。今井さんは成功した理由をこう語る。

「まず事業として当事者のニーズがあったこと。それから、クラファンでこれだけの人たちが期待していると見せられたこと。そして効果も見せられて、政策メニューとして役立つことが実証できたこと。区議会議員の反対などもありましたが、最後まで区長が応援してくれたことで乗り切れました」

そして渋谷区で予算化された結果、千葉市、佐賀県上峰町、那覇市などで次々に事業化された。さらには東京都にまで広がった。都は、20年度からクーポンを配布する市区町村の事業に補助金を出す制度を創設したのだ。

もともと都に広げることは考えていた。

「渋谷区の幹部から、こういうことは基礎自治体の財政力の差によらずできるように、都や国の予算をつけるべき。そこまでやってほしい、と言われていて、「やります。だからまずは成果を見せないと。だから区でやらせてください」とお答えしたこともありました」

渋谷区の事業が始まる直前の２０１９年の1月ごろ、教育格差に関心があるという都議から電話がかかってきた。その都議は都議会でスタディクーポンについて質問をしたうえで、都の担当部局を紹介してくれた。そして予算化へとこぎつけたのだ。

この間、コロナ禍のために制度の準備が遅れたこともあり、2020年度は渋谷区のみ。2021年度は国立市が加わった。もちろん今井さんは黙ってなりゆきを見ていたわけではない。あちこちの自治体に出かけては役所の担当者や議員と会って話をしてきた。

国の事業化もめざしており、今井さんは20年11月に国の行政事業レビューに参考人として出席した。渋谷区などの事例を紹介して、生活に苦しむ家庭への学習支援について、地域間格差が生まれている背景を「一番大きいのは財源」と語り、国による補助拡充を訴えた。所得が低い15%くらいの層の家庭すべてに、クーポンが行き渡る状況をつくることだ。試算すると、一つの学年で300億円。小1から高3まで配ると、事業規模は3600億円になる計算だという。

民間でやっている事業を政策に取り入れるのに、自力でここまでしなければいけないのかという気もする。こういう民間団体による政策提言と実現は、かつては業界団体が自らの望む政策のために、官僚、政治家と票と金を媒介に実現していた。いわゆる「鉄の三角形」だ。しかし今井さんたちのCFCがやっていることは、社会に開かれた政策で自分たちの利益になるものでもないし、特定の政治家への働きかけや献金もしていない。

お金は外からという新しいモデルだ。自分たちの活動を実証するためにお金を出して支援してくれる人たちがいる。その思いを受けた新たな形での政策提言の実現だ。閉鎖的な鉄の三角形とは違い、いろいろな意味で社会に広く開かれている。

社会課題が複雑化、多様化している現在、政策形成の当事者たちがすべての現場の取り組みを網羅できない。予算も限られていて、なかなか新しいものに挑戦する余裕もない。

NPOなどの民間の活動の役割、特徴の一つは、そもそも新規性にある。新たに生じている社会課題を掘り起こして発見し、それを解決すべく国の制度に先駆けて新たな取り組みをするのだ。そこにクラファンという新たな仕組みができて、解決モデルを提示することがしやすくなった。

ここでいうクラファンというのは、何度も書いているが、国民からお金を集めて公的な事業に投入する税金の代わりの役割を果たしている。しかも自分が共感した事業にお金を出すわけだから、税金よりも納得感があり、その試みがちゃんと遂行したか、成果を出したかも気になるだろう。つまり、「自分ごと」となるわけだ。

クラファン大手の「CAMPFIRE」は「資金調達の民主化」を掲げている。ＣＦＣの取り組みはその体現のように思える。

民主主義とテクノロジーというと、陰謀論のＳＮＳによる拡散や、２０１８年の米国大統領選でフェイスブックの個人データが秘密裏に流出し、世論操作に利用されたとされるなど、とかくダークな面が取りざたされる。もちろん、それに対して私たちはどうしたらいいのかを考えなくてはならない。

一方で、こんな足元、ごく身近なところでクラファンというテクノロジーを使った民主主義が始まっているのだ。こういった明るい面も見ていきたい。

第 7 章

企業とクラウドファンディング

ロート製薬の山田邦雄会長

クラファンの形も最近は多様になっている。へえ、こんなことを、というような手法が生まれているのだ。

その一つが、企業と組んだクラファンだ。

たとえば、コロナ禍の前の2019年に始まったものだが、READYFORと企業が組んだ試みがある。企業が掲げるSDGsのテーマに沿ったプロジェクトを募集して、採用されるとクラファンで寄付を集める。集まった金額と同額を企業も寄付する事業だ。すなわちプロジェクトは、クラファンで集まった金額の倍額を受け取る。「寄付の倍返し」のようなイメージだ。

READYFORの広報担当者は「企業と組むことで、企業にとっても、プロジェクトをする人にとっても、支援をしたい人にもいろいろな可能性が広がると考えた」という。企業は一般の人々のアイデアから新鮮な着想やヒントを得る。もちろんブランディングや知名度のアップにもなる。４社が参加、各社がお金を出す前で計４６００万円の寄付を集めた。

たとえばロート製薬は「ヘルスケア領域における新しい挑戦」を募集した。

１１２件応募があり、３件が選ばれた。

一つが「幻肢痛」のリハビリ研究のための資金だ。

幻肢痛。ほとんどの人が初めて聞く言葉だろう。

事故や病気で手足を失う、あるいは神経を損傷して感覚を失ったにもかかわらず、以前と同じように存在しているかのように感じる手足を「幻肢」という。幻肢を経験している人の５〜８割が幻肢が痛む、すなわち幻肢痛に悩まされているのだという。

存在しないものが痛むというのは驚きだが、その幻肢痛というのがものすごくつらい激しいものなのだという。バイクの事故で腕の神経を切断した当事者が、この研究をしており、今回応募をした。４５２万円がクラファンで集まり、同額をロート製薬が寄付した。

虐待や性被害に悩む10代の相談に応じ、支援先とつなげるＮＰＯ「３ｋｅｙｓ」

も選ばれた。777万円がクラファンで集まり、こちらも同額をロート製薬が寄付した。

さらに母子共に安全な妊娠・出産をめざす、産科と内科が融合した母性内科という新たな医療の分野に取り組むプロジェクト。研究を深め、患者がアクセスできるウエブサイトの構築などのために273万円を集め、ロート製薬からも同額の寄付があった。

同社の山田邦雄会長は「企業は短期的な利益を追っていればいい時代は終わった。長期的にどう持続可能かを考えた時に、社会課題の解決を広くムーブメントを起こして取り組みたいと考えました。一企業のできることには限りがありますが、クラファンを使えば多くの人から共感してもらえて支援の輪が広がります。そこには、単にお金の額ではない多数の声援に支えられていることに意味があると思います」と、プロジェクト参加の理由を語る。

「ロート製薬の中だけでできることは限りがある。一歩外に出ることに意味があると考えています。まだ実験段階ですが、やってみなければわからない。クラファンは新しい時代の新しい経済の動きだと思っていますが、オールドエコノミーが結びつくことで、何か生まれると思います」

大企業とREADYFORが組む構図、何かと似ていないだろうか。第1章で取り上げた「抱樸《ほうぼく》」だ。1988年から30年以上にわたって路上の人々の支援を続け、今回初めてクラファンに挑戦して1億円以上を集めた。そこで見られたのが、やはり「オールド」と「ニュー」の融合だった。

長年地道に活動してきた抱樸。路上の人々に声をかけ、弁当を渡し、炊き出しをして、住まいを整備する。といった活動に加え、支援する人々や、抱樸の活動を応援してくれる人たちとのコミュニケーションを非常に大事にして、あれこれときめ細かくていねいに気を配ってきた。

オールド、とはいわないまでも長年地道に積み重ねてきた活動が、クラファンという「ニュー」と出会って、テクノロジーの力を借りて可視化され、一気に世の中の共感が広がり、1万人から1億円というお金を集めた。

長く続く日本の名だたる大企業が、スタートアップと協力しあって、寄付で社会課題を解決する。このオールドとニューの出会いと連携に、イノベーションが起こるかもしれない。赤い羽根とREADYFORの連携もそうだ。オープンイノベーションというのは、こういうことから生まれるのかもしれない。

中部電力は「ひとりひとりが安心して、イキイキと住み続けられるまちづくり」を掲げた。選ばれたのは、地域のコミュニティーづくりの支援、障がい者の就労支援、伝統産業の支援を通じた町おこしなど。これまでに10の取り組みを支援した。中部地方に特化した事業であり、生活のインフラを提供していることもあって、より地域色が高いことが特徴だ。

たとえば空き家再生に取り組む企業のプロジェクト「さかさま不動産」。何がさかさまなのかというと、普通は不動産物件情報があって、それを借りたい人が選ぶが、ここの場合は借りたい人の情報をまず開示して、それを見た大家さんが物件を提供する仕組みだ。２８３万円余が集まり、中部電力が２５０万円を協賛した。

ほかにも、地域にログハウスを作り、キッチンやギャラリーを併設した交流サロンや防災拠点として使おうという「みんなのお勝手さん」。「勝手」というのは地域の神社の名前だ。１８２万円が集まり、中部電力が１５５万円を協賛。

それから、岐阜市は実は日本一の和傘の生産地なのだが、生産者は年々減り、伝統と技術の継承が課題となっていた。そこで商店や生産者などで作る岐阜市の和傘振興会と、長良川地域のまちづくりを支援するＮＰＯが、一緒になって危機にある和傘作りの後継者の育成にあてる費用を募集した。目標の倍の５２５万円が集まった。中部電力が２５０万円を協賛した。

同社の増田義則副社長は「我々は地域とのつながりが強い企業ではあるが、地域の課題に取り組む地域の団体や個人とはコミュニケーションをとってこなかった。我々が支援したくても、我々に直接支援されることに二の足を踏む人たちもいる。READYFORが間にいれば我々も支援しやすい」と語る。

そして大鵬薬品。栄養ドリンクの「チオビタ・ドリンク」や胃腸内服液の「ソルマック」がよく知られているが、実は売り上げの9割が医療用医薬品であり、領域別で見ると約7割ががん領域だ。そこでテーマも「がん領域の課題に挑戦する」プロジェクトとした。30以上の応募があり、七つが選ばれた。

たとえば、難病と闘う子どもと家族を支えるためのこどもホスピス。完成間際のそのホスピスに、スヌーズレン（リラクゼーション効果をもたらす多重感覚環境）を整備した親子で入れる浴室を建設するための費用を募集し、目標の倍以上の７４０万円が集まった。大鵬は目標金額と同額の300万円を寄付した。

また、女性医師が代表を務め、がんに罹患したママと家族を支援する「がんのママをささえ隊ネットワーク ETERNAL BRIDGE」は、がん治療と向き合う患者とその家族の写真展を開催するための費用を募集した。目標の70万円を上回る100万円あまりを集めた。大鵬の寄付は70万円。

高校生が代表を務める団体のプロジェクトもあった。自分が中学生の時に母親ががんを患ったことをきっかけに、がん患者の親を持つ、10代の子どもたちの集まりを開くようになった。同じような境遇だからこそ、いろいろな悩みや不安、つらさを気兼ねなく話し、相談できる場だ。集まりを開催するための費用と、活動を知ってもらうためのパンフレット作成のために30万円を募集し、63万円が集まった。大鵬からは30万円寄付された。

大鵬薬品の担当者は「構想としては、ビジネスと一体化できるようなこと、事業化できるようなことがないかという思いもありました。蓋を開けてみると、CSR活動に近いプロジェクトが多数を占めました。これまでもCSR活動の一環で各種の団体に助成や寄付をしてまいりましたが、今回これまでなかなか接点を持てなかったような団体とも出会うことができました。がんには、薬で治療するだけでは解決できない問題がたくさんあるのだと改めて気づきました。私たちは、がんの患者さんたちやその家族とふだん直接会うことはありませんが、高校生からも応募があるなど、新たな出会いがありました。大鵬薬品が長年抗がん剤の研究開発に取り組んできたことは一般的にはあまり知られていませんが、今回、NPOなどの団体を応援することで、当社が、がんという病気に真摯に向き合っていることをお伝えできたのではないかと思います」と語る。

また、この取り組みを継承・発展させる形で同社は2021年に「大鵬スマイルサポート」と題した試みを始めた。がんを取り巻くさまざまな課題の解決に、クラウドファンディングを活用して取り組む団体や個人に、クラファンの目標額と同じだけの額を支援する。今度はREADYFOR以外のクラファンのプラットフォームを使ってもよい。第1回、と銘打っており、継続的に行う予定だ。

「クラウドファンディングに挑戦するかた、そして支援する皆さまとのパートナーシップのもと、患者さんとご家族の大切ないつもの生活がいつまでも続く世界、みんなで手を取り合って未来に向かうような、誰かが誰かの背中を押して手を引くような、そんな世界を大鵬薬品は目指したいと思っています」と担当者は語る。

READYFOR のCEO、米良はるかさんは企業が READYFOR と組むメリットについて「短期的には企業にとって利益にならないかもしれませんが、今後は企業も社会を良くするための行動を取らないと、消費者から選ばれなくなる。企業にとってそういうリスクを下げることになると思います」と語る。

「これまで企業は、たとえばメーカーだったら、何かを売って終わり、でした。これからはそうではなくて、消費者との接点で何かをする必要がある。たとえば、新卒の学生たちも会社を選ぶ理由としていかに社会貢献をしているかを重視するようになっている。そういうときに、私たちと一緒にやることで、社会に役立つことができるのではないかと思うんです」

企業の寄付。いいことをして終わり、ではなくて、共に社会課題を解決し、企業にとっても新たな出会いやビジネス上の着想をもたらし、イノベーションにつながっていく。クラファンを組み合わせることで、企業のブランド価値も向上させる。一石何鳥、と簡単にはくくれない可能性がそこにはあるように思える。クラファンは企業に新たな価値をつくりだす地平を切り拓いているのだ。

第8章

寄付教育

小野高校での授業風景

日本には寄付文化がない――という「通説」に挑むかのように、クラウドファンディングを通じて社会貢献や社会課題の解決への寄付は増え続けている。

一方で、どこに寄付したらいいかわからない、というのはやはり多くの人が言うことだ。ならば、若いうちに学べばよいのではないか、というのが「寄付教育」だ。社会課題の解決に取り組むNPOなどの資金集めを支援している日本ファンドレイジング協会（JFRA）が中心となって広めようとしている。

どういう社会活動をしているところが寄付を必要としているのか、寄付したお金が何に使われるのか、どういう活動に寄付をしたらいいのかなどを生徒たちが学んだうえで、社会課題の解決に取り組む団体を選んで実際に寄付をする。

米国ではコロンビアやスタンフォードをはじめ、300以上の大学で導入されている。財団からの助成金である1万ドル（約105万円）の支援先を学生が選ぶ、というやり方だ。地域社会の課題を分析し、解決に取り組む団体の現場に行ってスタッフと意見を交わして支援先を決める。日本でも米国をモデルに、16年から東京学芸大学附属国際中等教育学校で選択授業の一つとして同じように行われてきた。

気軽に受講できるように、ＪＦＲＡは授業時間が10時間ほどの比較的短いプログラムを開発した。２０２０年、この寄付教育にかかる費用をまかなおうと、ＪＦＲＡはREADYFORでクラファンを行い、５００万円余りが集まった。

なぜ、クラファンで費用を集めることを考えたのか。ＪＦＲＡの代表理事、鵜尾雅隆さんに聞いた。

「コロナ禍において寄付への関心が急速に高まる中で、今回のコロナ禍の寄付は「選択する寄付」ということが重要なテーマになっていると感じました。東日本大震災の時は「寄付元年」とも言われ、多くの人が被災者に寄付をしましたが、今回のコロナ禍では、寄付に関心が高まる中で、困難な状況にある人は災害時よりもとても多様に存在しています。そのため、コロナ禍で苦しんでいる人たちやコロナ禍で支援に頑張る人たちを応援しようと思うと、自分で寄付先を探さないといけない。そういう状況が生まれていました」

「生活困窮者を支援する、アーティストを応援する、医療従事者を支援する、倒産しかかった居酒屋を応援するといった実に多様な支援が生まれる中で、それでもどうしても自分が腑に落ちる寄付先選びが難しいという方たちがたくさんいました」

鵜尾さんの言う通り、寄付初心者には特に、寄付先選びは難しかったことだろう。それは第9章の第一生命の例や、READYFORでコロナ基金に寄付が集まったことからもわかる。

「そうした状況から、これは、「子どもたちに寄付先の選択を託す」という「Learning by Giving（寄付教育）」のプロジェクトがとてもマッチする状況であると感じました。

日本社会に、「子どもたちに選択を託す」寄付という新しい文化を生み出すことができるのではないかと考えたのです。そこで、より多くの人たちにこの「子どもたちに選択を託す」という寄付を知ってもらい、参加してもらうためにクラウドファンディングのプロジェクトを立ち上げることになりました」

さらに鵜尾さんは、寄付というものの持つ可能性、それを学ぶ意味を教えてくれた。

「寄付とは、単にお金が移動して、困っている人の支援に活きる、というだけではありません。そのプロセスの中で、共感が連鎖したり、想いが元気を生んだり、現場のことを寄付者が学んだり、いろんな付加価値がお金の移動とともに生まれます。経済成長がなかなか見込めず、社会の中の経済のパイが増えないなかで、一つのお金により多くの働きをしてもらえる力を持っているのが寄付です。Learning by Givingは、そうした寄付の持つ可能性をとても分かりやすく伝えてくれるプログラムだと思います」

寄付教育の授業はまず、社会貢献とは何かを知ることから始め、それから現代社会の課題について考える。寄付先は、ＪＦＲＡなどが推薦した団体の中から生徒が選ぶ。寄付候補の団体に、どのような活動をしているのかプレゼンしてもらい、候補を絞り込むために、団体をどうやって評価するのか考えながら議論をして決めていく。

「本物のお金を扱うことで、責任感や真剣さが芽生え、お金の大切さを肌で感じ、有効に使うにはどうしたらいいかを考えます。「ファースト・キフ」の体験です（笑）」（鵜尾さん）。

寄付教育の効果について、鵜尾さんは「自信をつけ、自己肯定感を高められる」という。「内閣府の2018年の調査によると、日本、韓国、米国、英国、ドイツ、フランス、スウェーデン7カ国の13〜29歳の調査対象者のうち、「私の参加により、変えてほしい社会現象が少し変えられるかもしれない」に対し「そう思う」と答えた割合が日本は8・5％と1カ国だけ10％未満であり、他国に比べて顕著に低い。ある種の無力感というようなものが若者の中にあります。しかし、寄付や社会貢献について学ぶことで、自分たちも社会で何らかの役割を果たすことができると理解します。NPOのリアルな活動にふれることで、寄付の大切さを実感できるのです。アフリカに行ってボランティアはできなくても、数十円のワクチンで一人の子どもを救うことができる。数百円の自分のお小遣いでできることがあるとわかります」

さらに、社会問題について当事者意識を持てるようになるとも語る。「世の中に多くある社会課題を遠い話ではなくて、「自分ごと」として考えられるようになります。社会活動に対する評価軸のようなものができるのです」。授業を受けた生徒の中には寄付や社会貢献に関心を持ち、大学生になってNPO活動に足を踏み入れた人もいるという。

今回のクラファンを利用した寄付教育の第一号は兵庫県立小野高校だった。

寄付教育の活動を知った小野高校の生徒からJFRAに連絡があり、第一弾として2020年の11月から12月にかけて授業が行われた。

もともと、小野高校ではこの時間は1年間の「時事問題課題研究」という授業だった。テーマは「支援」で、社会の支援活動をしようというものだった。実際に高校生たちが地域の高齢者施設での高齢者との交流や、子どもの定期健診の際、親が医師と話している時に子どもの世話をするというボランティア活動を行っていた。

受講者の一人、3年生（当時）の佐藤晴香さんは語る。

「お年寄りの皆さんとは五目並べなどのゲームをしたり、おしゃべりをしたりしました。私たちはただ楽しんでいただけなのに、最後に「若い人のパワーをもらえた」と感謝されて。子どもには絵本の読み聞かせをしたんですが、子どもはかわいいし、こちらも楽しくやっていたのに親御さんにはありがとう、と言われました。楽しむことだけで人にパワーを与えられるなんてすごい。私たちってそういうことができるんだ。自分たちにもできることがあるんだって気づいたんです。ボランティアとか見聞きするけど、自分にはとてもできない、難しいって思っていた人が多かったけど、難しくありませんでした」

まさにボランティアをすることで、鵜尾さんの言うような、自己肯定感に結びついたのである。ところが、コロナでリアル体験をすることができなくなってしまった。どうしよう、となっていたところに生徒の佐藤さんが寄付教育のことを知り、先生や他の生徒たちと相談して応募したのである。

寄付教育の参加者は高校3年生の10人ほど。第1回目の授業では、生徒たちがクラファンで自分たちを支援してくれた人たちと交流したいということで、オンラインなどで支援者が参加。生徒たちと意見を交換した。

授業では社会貢献とは何か、何を評価すればいいかを学び、寄付の候補先のNPOと実際に意見を交わした。その様子やNPOの活動を動画にして全校生徒に公開し、どこのNPOに支援したいかを投票してもらったうえでさらに話し合い、寄付先を決めた。

結局30万円を、途上国からの研修生受け入れや地域開発などを行っている団体に寄付することになったのだが、実はその団体は、全校生徒の投票で一番多かったところとは違った。メンバーでとことん話し合った末の結果だった。

一連の授業を終えた生徒たちの感想はこんなふうだった。

「ふだんの授業とは違って、私たちを応援して支援してくださった方が後ろにいる、責任が伴う授業だった。社会貢献をしたいとＮＰＯで働く人たちの声を聞いて、自分もＮＰＯで働きたいと思った」

「（クラウドファンディングで集まったお金を寄付することで）人と人とのつながりを感じることもできたし、自分たちだけでやるよりも支援の輪が広がった」

「最初はただ単に自分たちが寄付先を決めるだけと思っていたけれど、寄付先を決めるための話し合いを重ねるうちに社会課題にふれて、今まで知らなかったことをたくさん知ることができた。真剣にみんなで考えて話し合いができたことが宝物」

「支援をいただいて私たちが活動をできた。これから未来を作る私たちがより良い社会を作ることに支援してくださったんだと思いますが、それに見合った学びができたと思います」

そして受講した生徒全体として、自分たちは寄付を必要とする人と寄付する人の間の「架け橋」となりたい、今後も寄付や募金を続けていきたいという表明があった。

どうだろう。寄付先を自分たちで決めることに加え、クラファンによって寄付してもらったお金を使うということによって、さらに高校生たちには責任感が湧き、やりがいを得て人のつながりを感じ、自分たちが人と人をつなぐ要になるという役割を自覚したのではないだろうか。支援してくれた人の思いをしっかりと受け止めたようにみえる。

クラファンに寄付し、授業の様子を見学した人たちはどう感じたのだろうか。

その一人、脇村良二さんは2019年2月に退職。今は第二の人生としてNPOのファンドレイザーを目指して活動を始めた。2009年から国境なき医師団のマンスリーサポーターとして寄付し続けてきた。「会社でやってこられたのも、周囲の支えがあってこそ。人のために何かできれば」という思いからだった。

リタイアしたのでボランティアを、と思い、同医師団でパソコン入力の手伝いをした。そこでJFRAのことを知り、NPOの資金集めに関心を持つようになった。

クラファンへの参加は今回が初めてだ。「若い人が社会貢献活動をするからというので、どういうことを考えているのか興味があって」1万円を寄付し、授業も見学した。

「予想していたよりも、みなさんがよく考えて寄付しているのだと思いました。単なる多数決ではないところもよく考えたのだなと。若い人がなぜ熱意を持って社会的な活動をしたいのかという謎はまだ解けていないですが（笑）、また応援したいと思いました」

保健師や看護師の仕事をしてきた大石真那さんも、今回クラファンで1万円を寄付した。アラフォーの大石さんは、大学を卒業して就職してから、ずっとNPOなどに寄付し続けている。

「我が家はお小遣い制なのですが、私のお小遣いのうちの4割程度を毎月寄付に回しています。9000円は、毎月、カンボジアを支援しているNPOに。残りは気になる社会問題に取り組んでいるところのクラウドファンディングに寄付することが多いですね。もともと人のお世話をしたり、役に立つことが好きなんです。職業も保健師・看護師だし、学生の時はボランティアサークルでしたし」

クラファンの寄付先を決めるのは「FBとかSNSで流れてきたなかから決める感じです。全然知らないところというより、もとからあるつながりの中からしています。直接の笑顔や感謝が感じられるところに喜びがあるんです。気持ちと共にお金が循環していくようで、寄付先と関係を作っていくのが楽しい。社会でこれが問題だと思っても、自分が解決することはできない。でも、解決をなしとげてくれる人たちがいます。寄付をすればそこに自分も加わって、自分のお金が無駄になっていないって感じることができる。誰がどんなことのために何をするのかがクリアになっているところに寄付しています」

今回、寄付教育のクラファンに参加したのは、たまたま親戚がＪＦＲＡで寄付教育担当のスタッフ、という縁があったからだ。

「私たちはお金のことを学校で学ばなかった。寄付は余裕のある人がするとか、いい人アピールしているとかじゃなくて、お金の価値観を若い人が知って、寄付が当たり前の社会になるといいと思ったんです」

授業を見学してどう思ったのか。

「生徒たちが、ＮＰＯに質問をどんどんして積極的で。自主的に学ぼうという姿にとても感銘を受けました」

寄付教育は、お金のポジティブな面を知ること。お金によって社会課題を自分ごと化し、それを解決できると学ぶこと。それをクラファンをもとに行うことで、若者により自覚と責任感を与え、人と人のつながりを感じさせ、世の中を変えられると実感できるのだ。

第9章

人はなぜ寄付するのか？

寄付初心者の笠井ちさとさんと
経験者の斎藤慎一郎さん

【お詫びと訂正】

178頁の写真のキャプションにつきまして、
正しくは以下の通りです。お詫びして訂正
いたします。

[誤]
寄付初心者の笠井ちさとさんと
経験者の斎藤慎一郎さん

[正]
勤務先の企業を通じてクラウドファンディング
に参加した岡田志穂美さんと斎藤慎一郎さん

寄付初心者の最初の一歩

2020年にコロナ禍のなか、クラウドファンディングが伸びたというのは、言うまでもなく寄付した人の人数が増えたからである。READYFOR によれば、2020年は19年に比べて3、4倍に増えたという。

人はなぜ寄付するのだろう。

もちろん、何かの社会問題に対して何か自分のできることをしたい、と心を動かされてお金を出すわけで、だから震災やコロナ禍といった誰もが関係のある大災害のような時には寄付が集まる。といってもそこには一言でくくれないいろいろな思いや物語、動機がある。寄付をした後にも何かを感じているはずだ。

寄付を初めてしてみた初心者から、寄付巧者というか、寄付の常連さんまでさまざまな人たちになぜ寄付をしたのかたずねてみた。

何度もふれたように、READYFORは2020年、「新型コロナウイルス感染症：拡大防止活動基金」を設けた。READYFORは個々のプロジェクトではなくて、コロナ対策に一括してまずは寄付を募って、どこにそのお金がいくかは、コロナ対策に取り組む団体の活動を公募する。そのプロジェクトの中から専門家による委員会が助成先を決めるというやり方だ。

この基金には8億円を超える寄付が寄せられ、165件の活動に助成が行われた。READYFORのプロジェクトページを見れば、どこに寄付をし、そのプロジェクトがどんなことをしているのかがわかる。個人からの寄付はもちろん、企業とREADYFORが協定を結び、企業として社員からお金を集めて基金に寄付した例もあった。

その一つが第一生命だった。3700人ほどから1千万円弱が集まった。寄付した人たちの話を聞いてみた（入社何年、などの数字は全て寄付をした2020年当時のものだ）。

その一人、池本奈津子さんは入社30年を超える。クラファンに参加するのは初めてだった。全世界を襲った未曽有の事態に対しての危機感に心が動かされた。

「私たちはコロナで仕事がなくなったり、お給料が激減したり、ということはない。でも世の中には大変な状況に置かれた人はたくさんいる。自分だけのうのうとしていることはできないと思いました」

一方で、寄付という行為へのためらいもあった。

「寄付に対しては、これまで正直言って本当に支援先に届くのかな、と思っていました。でもだからといって調べるとかそこまでするほどではなくて」

おそらく、そういう人が多いのではないか。お金を出したくても本当に必要なところに届くのかがいま一つ得心できない。といってもわざわざ調べるほどの手間暇もかけたくない。だから結局、気にはなっても寄付をするところまでいかない……。

「でも、会社を通じてだったら気軽にできると思ったんです。これなら間違いなく支援先につながるだろう、って。本当はもうちょっとちゃんと勉強して、知らなくちゃいけないと思うんですが」

1000円を寄付した。

笠井ちさとさんは入社11年目。やはり初めてクラファンに3000円を出した。クラファンで社会問題の解決のために寄付できるということも新鮮だったという。

「クラファンというと、商品開発とかマーケティングのイメージが強かったので」。笠井さんも、社会的なことに関心がないわけではないけれど、一歩が踏み出せないでいた。「会社が寄付の仲介をすることで、背中を押してくれました。これまでは使い道がわからなかったりして二の足を踏んでいました。今回はこんなふうに使っているのかとわかり、安心してお金を出せました」という。

コロナ基金は、寄付初心者をイメージして設計されたものだったが、まさにその通りに活用されていたということがわかる。

一方で、寄付経験者も参加していた。

斎藤慎一郎さんは入社6年目。普段から寄付や社会活動に強い関心があり、病児保育を担うNPO、フローレンスに毎月定期的に寄付をしてきた。

「フローレンスは一人親家庭の支援にとても力を入れているんですが、自分もこれまでいろんな人に支えられてきて、その取組に共感できるので」

今回は一万円を寄付したという。

しかし、普段から自分でも寄付をしているのに、なぜあえて会社のプロジェクトに参加をしたのだろう。

「大企業の一社員として働いていると、時に自分のやっていることがどう社会に役立っているのか見えなくなることがあるんです。特に、この基金が募集されていた時は在宅勤務で出社は週に1、2度。僕は一人暮らしなので家で外出もせず、パソコンに一日中向かっていると、誰ともしゃべらないで1日が終わることも多かった。社会から切り離されてしまっている感じもあって。その時にこの基金の話があって、READYFORのサイトを見たりして、ああ、社会のいろんなところで多くの人がたかっているんだなと感じられたんです。社会とのつながりを感じることができました」

寄付初心者にとっても、経験者にとっても、会社が社会の窓口のような役割、社員と社会をつなげる……を果たしたわけだ。

ただ、世の中は一般的にいって、寄付への関心は高くない。斎藤さんの周囲でも同様のようだ。

「友達に、寄付したんだって話したら、お前何か悪いことしたのか、って聞かれました(笑)。罪滅ぼしのためなのかって」

まだまだ寄付は社会に根付いていないところもあるが、こうやって寄付初心者が基金を利用して一歩を踏み出していけば、流れも変わっていくかもしれない。

寄付の「常連さん」に聞いてみた

寄付初心者が、こわごわ最初の一歩を会社の力を借りて踏み出したとすれば、寄付の世界を縦横無尽に歩き回っている「常連さん」は、なぜ寄付をするのだろう、何度も何度も寄付をする動機は何なのか。義務感や使命感？　それとも楽しいから？　趣味のようなもの？

READYFORの「常連さん」の一人、山田さん（仮名）に話を聞いた。山田さんは50代。関東近県に住み、環境関係の仕事をしている。30歳の頃、海外青年協力隊としてアフリカのタンザニアで政府援助に携わっていたというから、昔から社会問題には関心があったといえるだろう。

２０１２年ごろ、オンラインで英会話を習っていたが、講師がフィリピン出身だった。講師の出身地で活動している日本のＮＰＯがいて、ゴミの山に住む子どもたちを支援しているのだという。大切な活動だと感じて会員となり、年に1万5千円ほど寄付していた。

「2015年だったかな、その団体がクラウドファンディングをする、っていうんですよ。なんだそれ、クラウドファンディングって何？　って思ってね。何かお金を集めるっていうから、最初は新手の詐欺かと思った（笑）。お金だけ集めてドロン、みたいな。で、よくよく調べたらNPOの支援をするというので。へえ、面白いなあと思って」

この、「新手の詐欺かもしれないと思った」という正直な述懐は、寄付初心者に共通する「寄付しても本当に支援先に届くのか」という不安と同じだろう。寄付先への信頼を構築するための機能として、READYFORなどのクラファンのプラットフォーム企業が果たしている役割があるかもしれない。つまり、このプラットフォーム企業の支援やスクリーニングを受けているから、寄付先として信頼できる、というような。だからこそ、プラットフォームでは防ぎきれない詐欺まがいのものが紛れ込んでいる可能性がゼロではないということには留意すべきなのだが。

山田さんの話に戻ろう。2012年からNPOへの寄付を始めていた山田さんは、ほかに何か自分も社会貢献的なことをしたいと考えていた。

「東日本大震災の後、復旧関連の仕事をしていたんですが、被災地にはボランティアさんがたくさん来ているんですよ。ボランティアの仕事はもちろん大変なんだけど、みんな生き生きと楽しそうにも活動していて、いいなあ、自分も参加してみたいなあって思うけれど、仕事も忙しくてそういかないし」

そこにクラファンとの出会いがあったのである。

クラファンの意外な活用もしていた。

「その頃、マタハラ（マタニティハラスメント）の改善に取り組んでいた女性が、その活動資金のためにREADYFORでクラファンをやっていたんですよ。彼女はホワイトハウスで表彰されたことがあるほどの人で、活動も広く知られていて、言ってみれば有名人。で、寄付の返礼が彼女との食事会だったんですね。自分は仕事がとても忙しくてなかなか家族サービスもできないんですが、あ、これは奥さん孝行になるな、と思って」

寄付をして、食事会にも奥さんと二人で出かけてとても喜ばれたという。寄付をして社会課題の解決に寄与しただけでなく、その返礼も楽しんで、一石二鳥だったわけだ。

以来、READYFORのサイトをチェックするのが習慣となり、これまでに重ねた寄付の合計額は「2、300万ですかね」。

子ども食堂の支援のようなど真ん中の社会貢献系から、女子野球の支援のようなスポーツ系、ライブ活動をしている女性の支援などカルチャー系まで、支援の幅は広い。

「本くらいしか物を買わないし、田舎に住んでいるから他にお金を使わないんですよ」とテレながら、クラファンによる寄付の魅力について話してくれた。

「麻薬的要素（笑）があるんですよね。日常生活では会えないような、見たことも聞いたこともないような活動をしている人と交流できる。自分の世界と違うところとつながれるのが面白くて。たとえば、疑似火星の探査シミュレーションに参加するという大学生を応援したんですが」

疑似火星？？？　という感じだが、米国ユタ州には「火星砂漠探査基地」というものがある。大学生がその基地での探査シミュレーションに参加して、火星での食事スタイル、火星でどうやったら食事を楽しめるのかを研究したいのだという。しかしいかんせん、そこまでの渡航費と現地での研究費が足りない、ということで30

万円が目標のプロジェクトだった。山田さんの支援もあって、無事達成。

山田さんは個々のプロジェクトを支援するだけでなく、プロジェクトの実施者をつなぐようなこともしている。

「たとえば、子ども食堂と女性野球のコーチとか、歌手と書道家とか、つながったら何か面白いことができるんじゃないかって思って紹介したことがあります。相乗効果というか、化学反応みたいなことが起こるんじゃないかと思って。黒衣のプロデューサー役というか」

プチたにまちというか、素敵な道楽みたいな感じですか？　と聞くと、山田さんは「ビンゴです」と笑った。

「よく足長おじさんとか言われるんだけど、嫌なんです。こちらは楽しいからやっているわけで」

そして一見まったく違うとも見える話を始めた。

「僕、若い頃スカイラインに乗りたかったんですよね」

スカイライン、ですか。

「スカイラインの疾走感が好きで、お金をためていたんです。今、クラファンで支援をするときの気分って、何かの活動をしている人の疾走感に便乗させてもらう感じなんです。新しく何かを始める、一歩を踏み出す、世の中を変えようとする、その人たちの夢に便乗させてもらうというのかな。僕、道楽としてはスカイラインはあきらめて安い車にしたんですよ（笑）。でも、クラファンで支援をすることで、時代の変化に乗っかるスピード感や夢を切りひらくことに便乗させてもらっているんです」

とても楽しそうに、嬉しそうに話してくれた。

夢に向かって世の中を切りひらく人々の疾走に便乗する。

とてもわくわくするし、楽しそうだし、冒険だし、未来に向かっていく感じだ。

山田さんは「READYFOR のサイトを見ると、今社会で問題になっていることがわかって面白いし勉強になるんですよ」とも語った。

新聞記者の筆者としては、それはもともと新聞の役割だったのでは……と思い、悲しくもなったが、確かにクラファンのサイトはそういう役割を果たしていると思える。

そこにいけば、ずらっと社会課題や、あるいは夢に向かって踏みだそうとしている人たちの物語に出会える。今という時代がわかり、最先端で疾走する人や、地道にコツコツと活動を続けている人もいる。

それを眺めるだけでなく（新聞を単に「読む」以上のことがクラファンのサイトではできる、と認めるようでますます悲しいのだけれど）、寄付をして支援することで自ら参加して当事者となれる。「夢に向かって疾走できる」のである。

寄付と投票

20代のクラファン「常連さん」にも聞いた。

松田千広さん、28歳。広告制作会社に勤めている。これまでに9回ほど社会貢献型のクラファンに寄付してきた。商品開発やマーケティング型のクラファンは「あったかな。あったとしても一回くらいです」。

初めてクラファンに参加したのは社会人になって3年目の２０１８年から。その後、年3回ずつくらい参加してきた。

「もともと大学生の時から関心があったんです。でも学生の時って原資がないじゃないですか（笑）。だから、したいなって思ってもできなかった。社会人になって1、2年目も生活が大変だったので、そこまで余裕がなくて」

寄付やクラファンについて一層考えるようになったのは、社会人2年目の初め頃。ある国際NGOからの仕事の依頼で「若年層が寄付するにはどうしたらいいか」について調査・企画提案をする機会があったのだ。

「調べてみると、日本の若者って海外に比べて社会に対する無力感が格段に大きいんですよね。選挙での投票率も低いですし」

第8章でもふれた2018年の内閣府による若者の意識調査でこんな結果が出ている。日本、韓国、米国、英国、ドイツ、フランス、スウェーデン7カ国の13～29歳の若者で、「社会をよりよくするため、私は社会における問題の解決に関与したい」に「そう思う」と答えた割合が日本は10・8％と群を抜いて低かった。次に低いのは26・0％のスウェーデン。逆に「そう思わない」と答えた割合は19・0％でもっとも高く、次に高いのは10・2％のフランスだった。

松田さんは言う。「自分のまわりで考えてみてもわかるなって。何ていうか、若者ってオールオアナッシングで考えちゃうと言うか。劇的な変化が望めないのなら寄付してもしょうがない、みたいに考えちゃうところがあると思うんです。私はそこに異を唱えたいというか。一人ひとりのできることは少しでも、その意識で世界や社会は常にじわじわと変わっていくと思うんですよね」

それがきっかけとなり、クラファンを始めた。最初に支援したのは、若者と音楽、社会、アートをつなぐイベントの開催費用だった。音楽やアートを通じて社会課題を考えていこうというものだ。そこに５０００円。

それから、こども食堂をより安心・安全な場所にするために保険加入を進めるプロジェクトに４０００円。２０１８年７月にあった豪雨災害の緊急支援に３０００円。

「ツイッターで流れてきた情報でいいな、って思ったらポチる。３タップくらいで完結するのは本当に便利ですよね。良い時代だなって思います。こんな簡単な仕組みで誰かの助けになれるなんて」

リターンがあるかどうかは気にしない。

「リターンはなくても全然いいです。その後どうなったかメールくらいはあったほうがいいけど、それにしても、全文きちんと読んでフォローして、という感じではないです。微力ながら気軽に支援して、何かの足しになれば、くらいの気持ちです」

松田さんの話を聞いていると、本当に気軽に肩の力を抜いて、身近な日常行動の一つとしてクラファンで寄付をしている、という感じがする。

「寄付って投票だって思うんです。一人ひとりには大きな影響力はないかもしれないけど、投票をしないと、自分の持っていきたいほうに政治はまわらないじゃないですか。ここではお金を払うということ自体が投票で、世界を変える手段の一つだと思う。日本だと、寄付することを偽善だって言う人が一定数いるけど、個人的にはやらない偽善よりやる偽善がいい、って思います」

松田さんの、こういう自然だけれどもきちんとした信念に基づいた行動はどうやって培われたのかと思って出身を聞いてみた。

「生まれは名古屋なんですけど、親の仕事の都合で生後4カ月でドイツに行って、途中で日本に戻ってきたこともあるんですが、結局向こうに13年、高校を卒業するまで暮らしました」

なるほど。彼女が普通に当たり前に政治や社会課題の話をするのが合点がいった(日本育ちじゃないと合点がいく、というのは悲しいことでもあるのだが)。

「向こうでは政治の話とか、別にタブー感はないじゃないですか。私、高校はインターナショナルスクールに通ってたんですが、高校生でもメルケル首相の話題とか別に当たり前にしてました。でも、日本は飲みの場でも仕事でも「安倍政権が……」とか口にするだけで場が凍るというか、「自民党やばいっすよね」なんて言うとみんな反応に困ってる感じがあって、逆にこっちがびっくりしちゃうというか」

そうなのだ。政治がめざすことも社会課題の解決、社会を良くすること。だから社会を少しでも良くしたいと思ってクラファンに参加することと投票に足を運ぶのはパラレルなのだ。どちらも偽善でもなければ特別なことでもない。松田さんはそういう環境で育ってきたからごく自然にそれが身についたのだ。

だからこれからも当たり前のようにクラファンを続ける。

「お給料が激減とかしない限りは……（笑）」

もちろん投票も欠かさず行っているそうだし、これからも行き続ける。

寄付は身近であり、テクノロジーの進化のおかげでごく気軽にできるようになった。それがクラウドファンディング。

それは人と人、人と社会をつなぎ、自分とつながった先の誰か双方に喜びと楽しみ、うれしさをもたらす行為でもある。

クラファンは自分と誰かを、そして社会をも幸せにするのだ。そうやって、未来がつくられていく。

終章

民が社会と未来をデザインするために

政策による後押し

以上、民が民を支えて社会のほころびを直し、自分たちが思い描く未来をつくっていく様子を見てきた。

最後に、政策でこの動きをどう後押しできるのかをみていきたい。

2021年は菅義偉首相が退陣し、新政権が誕生、その直後に総選挙と政治が大きく揺れ動いた。政治がどうなろうとも、民が民を支えるクラウドファンディングは伸び続けている。民が助け合い、支え合う。政権の主が誰であっても、これを否定する人はいないだろう。これをさらに活発にするために、政策でバックアップ出来ることはある。代表的なものは寄付税制だろう。第6章でもふれたが、2011年、民主党政権の時にNPOへの寄付税制は大幅に拡充された。現在、認定NPO法人や公益財団法人、公益社団法人、社会福祉法人などへの個人寄付は、2000円以上の場合は所得税と個人住民税あわせて50%が控除される。つまり、半分が戻ってくる。これは、自分のめざす社会に向けて税金ではなくて寄付金で意思を示した、ということにほかならない。

何に使われているのだかわからない、自分の賛同できない政策にも使われる税金（「とられる」とよく表現することにそれが端的に表れていると思う）に比べて、寄付は自分の意志で出すお金である。この控除の率は世界的に見ても決して低くない。ただ、これらの寄付税制が適用される法人のなかで、もっとも身近で自由度の高い活動をしているであろうＮＰＯが税控除の認定を受けるのは非常にハードルが高い。

現時点でＮＰＯ法人は５万８００あまり、そのうち認定を受けているのは１２００ほどで、わずか２％ほどだ。もちろん、寄付控除を受けるということは、その分税金を払わないわけで、クリアな基準とある程度の厳しさは必要だと思うし、税金逃れをしようとするよからぬ団体もあるかもしれない。だがそれにしてもこれは厳しすぎないだろうか。ここにどうしても官尊民卑の匂いを感じてしまう。

社会の多様化、格差の拡大、災害の頻発などで、もはや政策でカバーしきれない社会問題は非常に多い。それらを解決すべく、生き生きと活動している人たちがいる。その活動を支えたいと思って寄付をするとき、そのお金は公的な性質を帯びているだろう。税控除を受けられる認定NPO法人の要件をもう少し緩めてもいいのではないだろうか。

菅義偉前首相の肝いりだった政策で寄付と似て非なるものに、ふるさと納税がある。ふるさと納税は2000円以上は全額が控除となり、しかも各自治体が景品を競ったものだから、本来の趣旨である、自分の好きな自治体、心のふるさとを支えたいというよりもどれだけお得な返礼品を手に入れるか、のようなゆがんだものとなってしまった。だがたとえば災害や、沖縄・首里城の火災が起きた時などのように、自治体がふるさと納税を活用してお金を集めている。これをガバメントクラウドファンディングという。返礼品は原則ないことが多く、これなど寄付そのものである。

佐賀県は2011年から、県内のNPOなどへの支援を指定したふるさと納税の寄付を受け入れている。寄付額のうち9割がNPOに渡される。現在はなんと、100以上の団体が対象だ。県からのお礼の品はない。

仕組みを作った時の知事、古川康衆院議員は「税のような公的なお金を何に使うか、払う人が自分で決めることに大きな意味があると思います。しかも、今の時代、政策をすべて役所が担うことはできません。多くの人から支持を得る活動にお金がいくのがいいのではないでしょうか」と語る。

それで、ふるさと納税とＮＰＯ支援を組み合わせた。災害救援に取り組むＮＰＯ、APAD-Japan は（２０２１年中に同じく災害救援の公益社団法人、Civic Force と統合）２０１５年からこの仕組みに参加している。今では年間予算５５００万円のうち、４０００万円と8割近くをこのふるさと納税から得ている。

広島県の神石高原町も、町に本拠地を置くピースウィンズなど七つのＮＰＯや30の自治振興会などに、ふるさと納税の寄付を交付、こちらは寄付額の93％が渡される。同町は犬の殺処分ゼロをめざしており、ピースウィンズが行う犬の保護のプロジェクトを支援している。ピースウィンズはこのふるさと納税で昨年度は約５億７８００万円の収入を得た。

ふるさと納税で景品競争ではないこのような取り組みにもっと光をあててもいいのではないだろうか。

ＮＰＯや民の公的な活動、社会課題を発掘して取り組むような活動が、政府の補助金頼りになるのはおかしい。でも寄付はそうではなくて、民が民を支えること。

めざす未来、社会がこうなったらいい、と自らデザインしてつくりあげていくような行為だ。お上がこうしてあげるから、とやってあげて、そこに民がお金（税金）を払って従っていく、というのとはまったく発想が逆だ。

前者の場合、お金を出して満足感があり、楽しく、わくわくし、手応えや達成感もある。自分がこうしたいからそういう社会をつくるのだ、という個々の主体性がある。一方後者は嫌々出して、なんとなく損したような気にもなり、どう使われたのか実感もない。

また、こうやって社会課題に取り組む民が寄付も得て力をつけていけば、政府が民と一種競うようなことにもなって、政策にも緊張感が生まれていくのではないだろうか。返礼品競争よりもずっと健全で生産的な気がする。

もちろんこういうことはプロジェクトが小規模だからできるのであって、地域では可能でも国家レベルのことにはなじまないことが多いだろう。けれども今みたいに全てのことが税金で、ではなくて、ある程度のことは税金ではなくて寄付でまわっていく、寄付でつくっていくことができるはずだ。要はバランスであり、まだまだそのバランスは政府、官に傾きすぎているように思う。そのバランスを変えるための政策による後押しは可能なのだ。

ほかにも、寄付を促す土壌作りのために政府のできることはある。日本ファンドレイジング協会の鵜尾雅隆さんは、自分の遺産を寄付する「遺贈寄付」について、政策で後押しすることができると語る。

「たとえば今、不動産や株式を遺贈寄付したいと思っても、いろいろと制約があり手続きが煩雑で、納税額もかなりのボリュームになるので、結局二の足を踏んでしまうことが多いんです。手続きやルールをもっと簡素化することで、遺贈寄付はさらに伸びる可能性があると思います」

クラウドファンディングや寄付でつくる社会、それは夢と責任と主体性があって、前向きに進んでいける場だ。

たとえ少しずつであっても、明日と未来に。

あとがき

READYFORを初めて取材したのはほんの3、4年前だ。さすがぴっちぴちのスタートアップ、取材に行くたびに新しいことが始まっている。「お金」「寄付」を媒介にしてこんな広いこと、こんな深いこと、こんな面白いことができるんだという発見と驚きがあった

本を書いている最中にも、クラファンには次々に新たな動きが生まれていく。私は政治記者として制度や法律で社会が変わっていく、社会を変える様子を取材してきたが、ここにも社会変革の最先端があるという実感があった。

本書を書くには多くの人に助けていただきました。

READYFORの米良はるかさん。出会いに感謝しています。大久保彩乃さん、無

理なお願いばかりしてごめんなさい。小谷なみさん、毎回びっくり、そして納得のお世話ばかりでした。その他READYFORのみなさま、お世話になりました。日本ファンドレイジング協会の鵜尾雅隆さん。いつも相談にのっていただいてありがとうございます。編集を担当してくださった須藤岳さん、心強い伴走者でした。

この本に出ていただいた皆様、お膳立てしてくださった方々、そして読んでくださったあなたに心からのお礼を込めて。ありがとうございました。さて、クラファンしましょうか。

２０２１年９月

秋山訓子

秋山訓子 あきやま・のりこ

東京生まれ。東京大学文学部卒業。
ロンドン政治経済学院修士。朝日新聞編集委員。
朝日新聞入社後、政治部、経済部、AERA編集部などを経て現職。
著書に『コーヒーを味わうように民主主義をつくりこむ
――日常と政治が隣り合う場所』(現代書館)、
『ゆっくりやさしく社会を変える――NPOで輝く女たち』
『女は「政治」に向かないの？』(以上、講談社)、
『女子プロレスラー小畑千代――闘う女の戦後史』(岩波書店)、
『不思議の国会・政界用語ノート』(さくら舎)など。

クラウドファンディングで社会《しゃかい》をつくる

人《ひと》はなぜ寄付《きふ》するのか？

2021年10月31日　第1版第1刷発行

著者　秋山訓子
発行者　菊地泰博
発行所　株式会社現代書館
〒102-0072 東京都千代田区飯田橋3-2-5
電話 03-3221-1321　FAX 03-3262-5906　振替 00120-3-83725
http://www.gendaishokan.co.jp/

印刷所　平河工業社(本文)　東光印刷所(カバー・表紙・帯・別丁扉)
製本所　鶴亀製本
ブックデザイン　伊藤滋章

校正協力：高梨恵一

ISBN978-4-7684-5908-9

活字で利用できない方のための
テキストデータ請求券
『クラウドファンディング
で社会をつくる』